Ryan Serhant
萊恩・塞爾漢——著
林師祺——譯

一出手就成交

紐約TOP1銷售高手
「賣爆」全美的終極銷售術大公開！

SELL IT LIKE SERHANT

來自業界行家的推薦！

萊恩・塞爾漢是所有商品的銷售權威，如果你想賣得比別人多，現在就讀這本書！

——美國創業金童／蓋瑞・范納洽

銷售你的產品、你的服務、甚至是你自己，過去十年比過去一百年有了更多的變化，所以你需要讀這本書……不管你從事什麼職業，如果你學著像塞爾漢那樣賣東西，你會做得更好！

——《紐約時報》暢銷作家／丹尼爾・賓克

《一出手就成交》是你唯一需要的銷售書籍。萊恩・塞爾漢從中提煉出能夠實現長期成功銷售的秘訣，幫助你在生活中賺更多的錢並獲得財富自由。萊恩的銷售方法可以使任何人受益，無論你的行業、職業和收入水準如何。

不管你是從事房地產行業還是作家，你都必須知道如何推銷自己和自己的作品。如果你不這麼做，你就沒飯吃。這本書出自美國最努力的推銷員之手，它是一門速成課程，讓你在這方面變得卓越。

——《紐約時報》暢銷職場作家／丹・舒貝

媒體策略專家和知名財經作家／瑞安・霍利德

銷售是任何公司的基礎，這本必讀的書向你展示了該如何掌握它。萊恩在提高自己銷售技能的過程中，也給予實質的鼓舞，這是每個銷售人員或企業家都需要學習的東西。

——FUBU公司創辦人、執行長／戴蒙德・約翰

這本書不僅僅是關於銷售，更是關於整體的自我提升。如果你想最大限度地發揮自己的潛力，就應該讀萊恩的書！

——美國知名YOUTUBER／劉易斯・霍斯

如果你想以自己的方式擁有一個美好的生活，《一出手就成交》將有助於增長你的信心、擴大你的人脈，並將你自己或你的想法推銷給任何人。

——《十七》雜誌前主編／安・沙凱特

萊恩不僅迷人又搞笑，他甚至可以把牛奶賣給奶牛。這本書非常有幫助也非常幽默，能夠幫助許多人提升他們的商業成就。

——知名脫口秀主持人／安迪・科恩

《一出手就成交》是建立一個偉大銷售生涯所需要的核心——它激情、充滿好奇心和幾乎願意做任何事情。

——艾美獎脫口秀主持人／賴瑞・金

CONTENTS

謹以本書獻給內人艾蜜莉亞，

謝謝她從第一天就對我有信心。

妳鞭策我發揮我無法想像的潛能，每天都鼓勵我好還要更好。

我也要謝謝爸爸，灌輸我「就位、預備、跑」的心態，

還告訴我人生雖然有許多事情無法控制，

自己要付出多少努力卻不在其列。

我在書裡更動了某些名字以及足以洩漏個資的細節，
同時也要說明，儘管我記得自己賣出去的每間公寓地址、
成交日期，但我不見得能一字不漏地記得對話內容，
只能盡可能就記憶所及，加以記錄。

前言

我的銷售生涯始於二〇〇八年九月十五日。各位還記得那一天嗎？雷曼兄弟控股公司在這天申請史上最大規模破產，重創次級房貸業，導致日後所謂的「經濟大衰退」。想想看，一個房仲菜鳥在當時要賣房子有多困難，何況我缺乏自信、沒有一套像樣西裝，更不知道該怎麼賣房子。可以想見，我的起步並不順利。二〇〇九年，我整年的收入只有九千美元。九年後的二〇一七年，我三十三歲，已經成交了四七二筆交易，銷售額總額將近十億美元。在全球金融危機下，美國最艱險的市場中，一**名銷售員就此誕生**。

在《紐約經紀激戰錄》中，我身穿體面西裝，出入有司機接送，每天成交金額介於兩百萬到三百萬美元。在另一個實境節目《金牌銷售員》中，我發揮專長，幫助深陷苦海的業務們搖身成為賺錢機器，無論他們賣的是高爾夫球或熱水池。小時候的我與現在的電視形象正好相反，我們常搬家，我過胖、超級害羞，又不擅與人社交。我試過各種運動項目，每項都不拿手。就算把球放在我的手裡都會掉。丟一千顆球給我，我一顆也打不中。我極度缺乏自信，怕東怕西。我很容易情緒激動，綽號就叫愛哭鬼萊恩。我和話劇社的學生在一起時最自在，我可以穿滑稽的戲服，假扮成另一個人。週五晚上，我會一個人待在家，穿著荷葉邊上衣，吃果凍、看尼可兒童頻道。我從熱愛莎翁戲劇的笨拙少年，成為主修戲劇的大學生。畢業後便搬到紐約追逐演藝事業，但是懷抱同樣夢想的人，少說也有幾千萬個吧！

幾年前，我還是失業的舞台劇演員，努力打工支付紐約市的房租。成為知名演員的夢想和自我價值一起跌落深淵，我只能偶爾當手模賺錢，但是工資永遠無法應付基本開銷。我連用信用卡買雜貨都刷不過，只能幫當地健身房發傳單，換取免費的使用時間。窮困潦倒已經很悲慘，在紐約市生活更辛苦。我得想辦法掙更多錢，否則就得搬回爸媽家。那是我第一次自力更生，我希望能成功。我大可以和多數人一樣，邊當服務生，邊等機會上台。但誰想因為在 TGI Fridays 打工而錯過試鏡？所以我考了房地產仲介執照，就是為了隨心安排工作時間。我可以學著出租公寓，一個月還能靠成交一、兩套房產賺取生活費。

起初我毫無章法，一間房子也賣不出去，其他仲介常有案件成交，我常想破頭，納悶他們怎麼辦到的，我又該怎麼做。我不屈不撓，嘗試各式各樣的策略，經過多年的努力，終於發現我擁有遠遠超過同業的優勢：**我拋到空中的球最多**。我向來不把所有注意力放在一顆球上，不會全神貫注在某筆交易或某個客戶身上。我可能剛跟某甲成交，緊接著又帶某乙看另一個單位，搭計程車途中順便接聽客戶開價。一筆生意不會讓我欣喜若狂或萬念俱灰，也從未在成交之後想著，「接下來呢？」因為下一筆交易正等著我。**滿手球**的策略是我的優勢，我很快就成為金牌仲介。

回想童年時期，整天大部分的時間就是玩耍，你可能開心地玩樂高，心想，「不玩了，**現在**要玩賽車。」可是媽媽要你收完一樣才能玩另一樣，否則她會氣你搞得家裡亂七八糟。**你不乖！沒收整齊！**我們都知道，小孩才不想收玩具。如果身邊都是超酷的玩具，如果可以摸摸這個，轉身玩玩那個，誰想收好？我承認，我有強迫症，喜歡乾淨、有秩序。我們小時候聽到的教誨是，**即使沒想到**接著要玩什麼，也要把手邊這樣先收好，其實這個建議糟透了。所有玩具都放在手邊，方便拿取，有什麼不好呢？隨著年紀漸長，「一次只做一件事情」的訊息已經深深烙在我們的腦海，我們會帶著同樣的心態出社會。我們先處理完一個客戶，再面對下一個。先成交這筆生意，再談下一筆。我們把客戶和交易當成該仔細收妥、一次只能取一件的東西，我的銷售理論不是把客戶收好，反而放在面前，唾手可得，才可以妥善處理每筆生意，而且筆筆都能有漂亮成績。如果孩子從小就會整理玩具，可以輕輕鬆鬆拿到第二樣，這個孩子就是大有可為的王牌業務。這孩子有合適的心理素質，也就是我所謂的「拋球」思維。

往上拋越多球[1]，表示身邊都是機會，還能同時利用這些機會——你可以認識更多人，增加有用的人脈，將醒著的時間效益發揮到淋漓盡致。儘管小時候或身為業務，長輩或前輩都教我們一次做一件事，我卻發現賣一間房子所耗費的時間、精神，與賣六間房子無異。有些球掉得很快，馬上就能處理完。有時球拋得夠高，落地之前就有足夠時間，讓你先處理其他球。我發現我可以控制它們的軌跡，也就是說我可以成功處理這麼多球。既然我能應付五顆、甚至更多球，何必只抓一顆？要玩就玩大一點。

1. 作者註：你可能發現我已經寫了好多次的「球」，儘管這才是本書頭幾頁。我想說的是，沒錯，我知道這個字也代表睪丸，如果我每次提到「球」，你就想到這個詞，好吧，那也只能任你從頭笑到尾了！

任何人都可能走運，敲定大數目的成交金額。你賣了一台三萬美元的平台鋼琴或六位數的地毯？恭喜。但是你明天能再交出同樣的成績單嗎？後天呢？你還賣了什麼？如果你想有成功的銷售紀錄，請謹記在心，銷售比的是營業額。事實就是這麼簡單。你想成為金牌業務，就要賣得比誰都多。重點不在一筆交易，而是每筆交易都很重要。要成為終極銷售天王，就得捨棄舊觀念，將自己重塑成更有生產力、更犀利的人。我們必須要重新學習何謂銷售員，你已經有成功的素質，這本書會幫助你提高產能、發揮所有潛力。

常有人問我，「你怎麼辦到的？我要怎麼樣才能像你賣得一樣多？」我每每聽到都覺得不可思議，因為不久前，我才到處提出這些問題。我知道沒達到業績的銷售人員是什麼心情，二〇〇九年，我沒有人脈，而且自八歲和哥哥向鄰居兜售木柴之後，我什麼都沒賣過。我要如何從頭開始打造業務生涯？我會在這本書中分享某些瘋狂至極的銷售經驗，告訴大家，我如何從無到有，打造出我的房仲事業，還能持之以恆。這本書不是人生故事錄，絕對不是，畢竟我才三十三歲。也不是講述在紐約市當房屋仲介的回憶錄（拜託）。在《Sell it like Serhant》中，我要分享所有業務秘訣，你們會讀到我的遊戲秘笈，知道我怎麼賣各式各樣的商品。

你會學到如何安排行程，好好利用時間，以及如何把球拋到空中。我會教導你追蹤客戶後續狀況的訣竅，以及這麼多年下來，我學到的銷售技巧。多虧這些技巧，我的團隊才是全美數一數二的菁英。此外，你也會學到如何享受銷售，無論你賣的是什麼，銷售都**很有趣**。世界各地販賣各式各樣的商品，而且**每天**都有交易成交。也許有一天，你也會成為業務員。如果當年在學校飽受霸凌的萊恩，在世上最競爭的市場都能創下六千萬美元的月營業額（其實上個月是一億零一百八十六萬一千兩百二十九美元，可是誰希罕去數？），那麼誰都能當業務。我們一起提升你的推銷水準，好嗎？

各就各位，預備，**跑**！

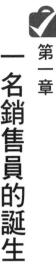

第一章
一名銷售員的誕生

紐約還算是好找路的地方，多數街道都是整齊的棋盤式排列，就算我在時代廣場的威斯康辛街放九十二歲奶奶下車，奶奶也找得到路。但是曼哈頓下城或十四街以南可是另一碼事。沒錯，西村古色古香，有鵝卵石、幽靜的街道、聯邦式風格[2]的連棟屋宅。但是這裡的街道圖就像四歲孩童解代數題目的過程，莫名其妙又令人摸不著頭緒。所以我早期的客戶潔西卡才會那麼氣我。二十多歲的潔西卡看到我在克雷格分類廣告網站登廣告，當年我這類房仲菜鳥都在那裡開發客戶。我們登廣告，客戶找上門，雙方再約時間會面。過程挺類似約小姐買春。

潔西卡的預算是一個月兩千五百美元，她想找兩房的單位，自己再改成三房，她和兩名室友（順道一提，三人都同名）才住得下。我帶她去莫頓街的某間公寓，我認為她**和**她的母親應該會喜歡。她的媽媽是擔保人，如果潔西卡或另外兩個潔西卡失業，或拿錢去買名牌包，這位母親就得負責付房租。一號潔西卡不斷把手機丟給我，因為那位人在密西根的媽媽堅持，我得像個體育播報員般實況轉播全程。

我們已經走了二十分鐘，這在生活節奏**必須**飛快的紐約市，大概相當十年吧。我知道我們已經快到了，卻怎麼都找不到正確地址。即使你知道自己身在何方，在西村還是可能迷路。我們在克里斯多佛街和第七大道交叉口，但我不知道莫頓街要往哪個方向走。當時我買不起智慧型手機 **Palm Treo** 或黑莓機，那年 **iPhone** 也才剛上市，不過大部分人都沒有。我每天早上都會把當天帶看的公寓位置地圖印在小紙上，放在口袋以備不時之需。我帶潔西卡時，邊走邊偷看地圖，但沒辦法在她不注意的情況下看仔細。我只能說我順便帶她逛逛附近，希望她別發現我找不到路。我指出影集《六人行》拍攝的場景，說莫頓街就快到了。十分鐘後，她顯然發現我們繞了一整個街廓，因為我們又回到同一個書報攤前。在曼陀珠和各種口味的思樂寶水果飲料之間，報紙和雜誌標題大大寫著反映金融市場的「**崩盤！**」、「**危**

2. Federal style，介於一七八〇年到一八三〇年，尤其是一七八五至一八一五年之間。美國是移民大融合的國家，從早期來自歐洲的英屬殖民地，發展出獨特獨立的文化，也融合亞洲文化。在美國，不稱美式風格 (American Style)，而是聯邦式風格。

機！」，而我自己也快碰到個人事業生涯的迷你危機。

她受夠了，凶狠的眼神就像是對我比中指。她大吼，「天啊，你到底有什麼**毛病**？你根本不該帶人看屋，永遠沒資格。」她揮手，計程車在她面前緊急煞車，她就此揚長而去，留下踩著牛仔靴的我在路邊自艾自憐。

如果她說得對呢？我瞥了一眼書報攤，那些標題似乎也在挑釁我。全美經濟衰退，我怎麼會選在這個節骨眼當房仲？我就快破產了，覺得自己恐怕得回去住爸媽家地下室，這輩子只能穿著內褲邊打電動，邊吃著廉價的盒裝巧克力蛋糕。

這時班．甘迺迪上場了。

我回四十九街和麥迪遜大道交叉口的上城辦公室，以為心情不可能再更糟，結果我大錯特錯，這還要歸功於我的死對頭班．甘迺迪。班來自中西部，幾乎不跟同事交談，偶爾也只冷淡地打招呼。但是班是個優秀的仲介，我無精打采走回桌邊，正好聽到班正在談妥交易，可能還是他當天租出去的第十個單位。他幫公司談成那麼多筆租約，大賺佣金之際，我卻在城裡瞎繞路。他怎麼辦到的？我受過高等教育，出身良好，是個書卷氣十足的演員，還有燦爛的笑容！他到底有哪樣特質是我所沒有的？他甚至不太與人交談！自尊心強烈的我真的不明白。他為什麼能不斷成交，我卻連一間沒電梯的三房公寓都無法租給潔西卡三人組？

我碰到人生新低潮，得找人聊聊。我決定打給哥哥吉米，他大我十歲，擁有我所認為的美好人生。他已經娶妻生子，在金融界謀得重要職位。吉米向來很照顧我，幫我搬到紐約市，陪我開生平第一個銀行帳戶，還教我如何申請信用卡。他一定能解開謎團，知道班．甘迺迪成功，以及我為何窮困潦倒。我帶著折疊式手機走到外面消防梯，滑到吉米公司號碼。他還沒開口，我已經滔滔不絕說要辭職，說人生有多慘又多慘，班．甘迺迪爛透了，我工作有多努力等等。我繼續講述自己的悲慘故事，儘管我聽到吉米公司其他電話響起，聽到別人正在進行重要工作，例如賺大錢、開創成功人生。哥哥顯然很忙，我還來不及說「我受夠了！我要辭……」，他就打斷我。

「不要像個小女生一樣唉唉叫，你才當仲介五分鐘，忍著點。如果班．甘迺迪做得到，你也可以。」

喀。「喂？吉米？」

老天爺，他掛我電話？？

噢，真的。

我從窗戶爬回去，這時班・甘迺迪正好掛上電話。他往椅背靠，露出心滿意足的微笑，彷彿剛租出整棟公寓，可能租出整棟帝國大廈吧。我直接走向他的桌子，在我還沒緊張死之前，開口問，「嗨，班，呃，你怎麼有辦法租掉那麼多公寓？你做了什麼？我剛入行，還搞不清楚狀況，而你是頂尖仲介，如果我能從這行最厲害的人身上問到幾個秘訣，那就太棒了，老兄。」

班上下打量我，看到我穿牛仔靴、卡其褲、閃閃發亮的大皮帶頭（順道一提，這還是我最整齊的裝扮），他說，「不要，我才不想告訴你。」這是他說過最長的一句話。

轉捩點，第一場

毫無疑問，你一夕之間無法將自己變身成魔鬼終結者等級（而且不經過慘烈殺戮）的銷售天王。在你的事業生涯中，會有許多階段充滿疑問。你不會知道該如何成功推銷每一筆訂單，如何應付客戶的每個狀況，也不知道該如何回答團隊的每個問題。然而只要你往前踏一步，即使步伐再小，都會更靠近目標。不要懷疑，點點滴滴都能積沙成塔，沒有人能教你成功的秘密公式，唯有你自己胼手胝足打造出來，才會知道成功的秘訣。

塞爾漢心法第一則

事後驀然回首，才會發現自己成功的秘訣。除非你自己走過一遭，否則你不會明白。

班．甘迺迪不想告訴我。很好，沒關係。我大可以認為，「班是個混帳，這些人爛透了！」我當時就可以辭職，從此不再當房仲。我可以哀求我媽幫我買單程機票，永遠離開紐約市。搬回家多好，爸媽家有數不完的第四台，廚房塞滿我最愛的奧利奧餅乾和冰淇淋（繼扭扭糖、彩虹棉花糖麥片和雞肉奶油乳酪義式寬麵之後，我最喜歡的食物），誰希罕紐約啊。但是哥哥講的難聽話在我腦中不斷重播，我真有自己想像的認真嗎？我不會說當時靈光乍現，但的確出現微弱光芒，足以讓我清楚看到，呃，也許吉米說得對。也許我太愛唉唉叫，我得想清楚。這真的是我想過的人生嗎？我的公寓位於韓國城，我和另外二十五人共用浴室。晚上我就到地下室的劇團，伸開雙臂，連續三十分鐘都重複著「滴答滴答」，因為這齣戲講的是作家愛倫・坡的故事，而我扮演一座時鐘。知道誰沒演窩囊話劇的時鐘嗎？班・甘迺迪。這就是我的人生？更重要的是，這是我想過的日子？

這是我這輩子頭一次開始思索自己想過哪種人生，我想開二手車、穿 Gap 卡其褲、偶爾搭郵輪去加勒比海、每週五晚上都去「澳美客」吃牛排？這種日子的確不差。Gap 的卡其褲很好穿，週末吃辣雞翅、丁骨牛排誰不愛？我想過不同的日子嗎？我想要毫無拘束的人生？我要擁有無數的可能，我要海闊天空的日子。似乎強過現在窮困潦倒，又淚眼漣漣。我知道我必須做出抉擇，我想過小康的生活？還是想站上成功的巔峰？我要當個好房仲，還是要當所向無敵的房仲？

班・甘迺迪為何表現傑出不重要，我不需要知道他的成功秘訣。即使他湊過來說，「塞爾漢，我就是這麼做：我只吃柳丁，而且我在滿月時裸舞，因為我也是巫師。」那對我有何幫助？班・甘迺迪找到了他的成功訣竅，我也該找到自己的致勝心法。我不知道如何當個好仲介（甚至不知道怎麼做才不蹩腳），總之我該起而行了。我完全不知道第一步該怎麼做，只知道我必須踏出第一步。

我以前完全沒打算當銷售員，從未感覺「就是這個！」了[3]。那天哥哥喝斥我態度不佳，不該以為出租公寓就像賣童軍餅乾一般容易，那就是我的事業轉捩點。只有日後回顧，才發現那一刻雖然簡短，卻有重要意義。也許我會錯過，畢竟我又沒被公車撞上，心想，「哇，我竟然能活下來，應該好好把握接下來的人生。」不要等戲劇化的一刻才願意行動，因為你可能永遠等不到。希望活得精采，現在就該將計畫付諸實行。何必再多等一秒？**現在**就活得精采吧。

自動自發是我最喜歡的詞彙

我該認真改頭換面，卻不知道接下來要怎麼做。上床睡覺時，我還是全球消費水平最高城市裡的廉價手部模特兒，隔天醒來就成了真正的房地產仲介。你知道嗎？兩個都一樣窮，我沒有薪水、沒有工作福利，也沒有成功指南。我並沒有第二天就成了人面廣、手頭闊綽、口若懸河，甚至有一雙好鞋的仲介。然而有一點不同

3. 作者註：從事房仲業，我沒覺得這就是我的天命。但是在紐約市西城公路（West Side Highway）邊的小山坡上表演莎翁名劇，七十五歲的同台老翁扮演茱麗葉父親凱普萊特，而且老先生認為那齣戲是他的「大好機會」。我永遠不會忘記當時心想，我不希望這就是我的未來。每次表演結束，我都因為沒被車輾過而感到慶幸。

了，我等不及要上班。以前我進公司總是痛苦萬分，彷彿活受罪，只等著某個知名導演青睞，翻身成為新一代的布萊德．彼特。我帶下一組看屋之前會檢查語音信箱，只聽到「您沒有留言」，接著就去星巴克喝杯印度茶那堤等客戶。但是「吉米說萊恩唉唉叫」事件之後，上班成了好事，公司成為我的生活重心。我更自豪，也更輕鬆。坐在漢堡店樓上的小辦公室，我依舊不知道如何從A點（什麼都賣不出去）走到B點（什麼都賣得成），只知道我得更努力，更自動自發。慢著，我很清楚何謂自動自發。

自從我穿著牛仔靴、只帶一罐棕色染髮劑（我十六歲就開始少年白）到紐約市之後，我所做的每件事情都是積極主動爭取來的。我的第一間公寓是和兩個漢彌頓大學的校友同住，他們都是想申請法學院的法務人員，上班的事務所名字有幾十個人名，而且工時超長。我則一心想當演員，沒有頂頭上司，平日時間安排也不需要像室友一樣分秒必爭。但我那位推崇勤奮工作、恪守紀律的父親提醒我，想成功就要比那兩個常吞止痛藥、狂灌咖啡的準法律人室友加倍努力。我應該比他們早起、晚睡，全心追求演藝事業。這是個好建議。紐約市有許多演員，想成名的人可能和老鼠一樣多。平常你可能不會發現，但只要停下腳步環顧四周，就會突然看到前後左右都有。我得想想辦法，不能鑽進小舖買豆腐、希望前面那位拿了大袋貓飼料的女士就是選角導演，我因此可以演出《奪魂鋸》二、三集第一個慘死的角色。我必須自動自發，才有辦法出人頭地。

我發現，主動開發演藝工作，我才有意外收穫。我在某齣肥皂劇裡飾演邪惡的生化學家，在某部獨立製片電影中開車輾過某人，在西城公路旁邊演出《羅密歐與茱麗葉》，而且有多少人可以說自己是手模？我的手被畫成手機資費方案裡的茶壺與神龍，我這雙手世界聞名，家喻戶曉。當然，我的演藝生涯不如想像，原來我當不了布萊德．彼特，鮑德溫家族[4]或克金[5]家族比較不紅的那幾位都比我有名。我覺得自己還算紅的唯一一次，就是我告訴夜店圍事，我是《當世界轉動》[6]的伊凡．華許四世博士。他因此讓我進貴賓室，但我依舊買不起酒，而且我的角色幾週

4. Baldwin 家族有主演《神鬼玩家》，如今常扮演川普的 Alec Baldwin，三個弟弟也都是演員。
5. Culkin 家族最紅的就是主演《小鬼當家》的 Macaulay Culkin，後來兩個弟弟也出道。
6. As the World Turns，從一九五六演到二〇一〇年的美國常青連續劇，講述某個小鎮的故事。

後就被他的祖母殺死。

坐在銳不可當、髮型卻奇蠢無比的班・甘迺迪對面，我發現我們的背景迥然不同。我們就像約翰・休斯[7]的《早餐俱樂部》[8]或《紅粉佳人》[9]裡個性迥異的小鬼，然而我們都有同樣的動機。對我們而言，「交易不成就沒有薪水」，誰曉得這對班有什麼影響？也許他會沒錢付帳單、因此無家可歸，或搬回全鎮只有一個交通號誌的故鄉。我不知道。但是班似乎和我一樣，不願意往後看，只想向前展望，所以我們一定要談成生意。

我想留在紐約市，在這片喧囂中追求夢想。我上大學之後，爸媽搬到科羅拉多州，一想到要回那裡，我就心生恐懼。我會到牧場工作，沒完沒了的漆圍牆。接著就娶個天真爛漫的牛仔女郎，生幾個孩子，買部拖拉機，也許養隻狗，買幾隻雞……然後漸漸老死。但我的人生目標格局更大、更壯闊，我希望發揮潛能，所以得想盡辦法留在紐約市。也許我當演員的潛力已經開發殆盡，但是我個人還有無限潛能。我參加網路實境節目《勝出結果》試鏡，想在節目中和其他十二人廝殺，爭取《當世界轉動》的演出機會，沒有自動自發的決心可做不到！我就不能利用這種心態，推動房仲事業嗎？

我每天都思考自己該如何推進工作，請教前輩能否讓我跟著他們一天，或是幫他們賣一間房子。我在克雷格分類網站刊登更多廣告，努力克服害羞問題。很快地，我不覺得沒去試鏡不對勁，也越來越期待賣房子。這個過程穩定但緩慢，偶爾也會遇到大小不一的障礙，但我持續挺進。起初我充滿恐懼，憂心自己得窩囊地回科羅拉多州。隨著我成交越多筆，我的積極度也有所轉變。從「希望這個月租出去夠多公寓，才能付房租，買件新襯衫」，變成「哇，我剛存的仲介費可以支付兩年的房租，我還能做什麼？」。帶領我團隊的新成員，最困難的就是灌輸他們認識主動積極的力量有多大。聽起來也許荒謬，有時你會覺得人生停滯不前？彷彿生意永遠無法成交，再也找不到新客戶？自動自發的心態就像萬靈丹。

7. John Hughes（一九五〇—二〇〇九），美國著名導演、編劇、製片，青春片大師。作品包括《小鬼當家》、《蹺課天才》、《女傭變鳳凰》等。

8. The Breakfast Club，約翰．休斯執導，內容講述五個高中生被罰週六留校，在這天當中，身分、性格各異的五個人從漠不關心到相互敵對，最後逐漸敞開了心扉，成為交心好友。

9. Pretty in Pink，一九八六年的美國青少年浪漫喜劇電影，講述一九八〇年代美國高中的愛情和友誼。該片由約翰．休斯編劇。

打電話、傳電郵，追蹤各種可能後續。就是不能坐以待斃。對業務而言，自動自發就像呼吸，沒了這一點，你不可能活下去。積極處理眼前每件事情，每天就能體驗到成功的滋味。

我認真看待我的房仲事業，也想在這一行出人頭地，但我覺得自己不是紐約在地居民就是比較弱勢，因為人面不夠廣。我要把房子賣給誰？而且我對各區域的深度了解，也遠遠不如在地人。開始積極主動之後，我常常自我懷疑，但是以前演戲的經驗卻成了我的秘密武器，身為演員，我不怕遭到拒絕、擅長看人臉色，也可以迅速記住建築物的特色，我搞笑的個性和少年白竟然頗對客戶的胃口。

來自不同背景不是大事，千萬不要因此就氣餒。不同於同業的經歷可能是你的利器，你的專長（無論是廚藝、運動或教書）都讓你更具個人特色。如果你有辦法管理一整班鬧哄哄的中學生，或檢查蛇的健康狀況，你就有辦法成為頂尖銷售員。你成為銷售員之前的經歷很重要，你必須表現真實的自我，即使個性古怪也無所謂。我手下有一流的人才當過酒保、軍人、銀行員等，他們都有獨特的專業知識，為團隊帶來嶄新的見解。到頭來，過去的工作經驗幫助他們成為更有意思、更全方位的人，你也一樣。擁抱自我，想想如何利用專長促進業務。

打從四歲開始，我就想出人頭地。當時我知道自己該怎麼做嗎？當然不可能。那時候的能力大概只是變幾個爛魔術，講幾個無聊的笑話。事實證明，先立下成功的志願，再讓事業實現願望，恐怕是我幫自己做過最棒的事情。我對各種成功的方法保持開放態度，即使發現自己無法當個頂尖演員，成功的渴望也沒因此煙消雲散。我依舊想要事業亨通，只是得另外開路。多數人碰到障礙就想，**好吧，我完了！**根本不是。如果你無論如何都要追求成功，那些難關都不重要，你已經鎖定目的，一定會想盡辦法到達。

塞爾漢心法第二則

無論如何，先立下成功的志願，再選定事業方向。

敢拚才會贏

每年來參加紐約市馬拉松的參賽者超過五萬人，跑上四十二公里彷彿不費吹灰之力。你知道第一個跑馬拉松的人後來怎麼了嗎？當場倒斃。好吧，那是在天氣超炎熱的希臘，而且那是西元前四九〇年。當時沒有跑鞋，也沒有水壺可以隨時補充水分。如今只要準備妥當，幾乎所有人都能參加馬拉松。只要練習得宜、漸漸拉長距離、注意飲食均衡，最後在T恤上印上閃亮亮的名字，民眾大喊「加油，萊恩」時，你才會逼自己繼續跑，而不會一屁股坐在人行道，大吃披薩。只要訓練得宜，你就能跑完全程，上傳IG。如果千辛萬苦準備之後，馬拉松比賽突然改成短跑呢？你本來都練習跑得又慢又穩，因為某個意外理由，必須飛快衝過終點呢？你開始加速，表現可圈可點——結果慢著，別衝了！算了！我們要恢復成又長又久的比賽……祝你好運！

無論你是有頂頭上司的銷售員，或是自己創業的個體戶，一定聽得懂我的比喻。有些交易拖拖拉拉，彷彿幾年也無法成交，猶如虔誠朝聖的過程。有些交易則是飛快成交，你覺得自己猶如燈神，點個頭就能變出獎品。有些交易則是忽快忽慢，幾乎耗盡你的體力和理智。銷售員必須堅忍不拔，能應付各式各樣的交易，你才能勝過同行。把球往上拋吧！

推銷就像賽跑，只是在鳴槍之前，你都不知道該面對哪種比賽。當你越賣越多，就會清楚知道，工作努力、屹立不搖，可以隨時處理許多交易，才可能成功。我登越多廣告，賣的房子就越多。這和演藝生涯不同，不會有人說，「我不想買這間價格公道、空間寬敞又適合我的房子，只因為我不喜歡你這張臉。」銷售就是看你多努力，道理就這麼簡單。

銷售工作最棒的一點，就是只要能增加耐力，只要能捱過那場比賽，通過終點線，你就能隨心所欲。沒有人會規定你打卡，你可以自訂上班時間。你可以決定自己要多努力，賺多少錢。業務員不會接到以下這種電話，「嗨，我是人事部的潘。我得告訴你，你這個月賣太多，成績超出第二名太多，也遠遠超過同事。你幫公司賺太多錢，這是口頭警告。」我說得對嗎？

剛開始工作的初期，我無論碰到什麼問題都不退縮，這是我的優點。其他仲介去度假、去漢普敦過週末、去看電影、吃晚餐、睡覺，我都在努力工作，準備遠遠將他們拋在腦後。銷售是場瘋狂的比賽，他們上熱瑜伽，或和朋友吃壽司時，我正完成一項項的待辦事務。

賣得更多的六條鐵則

1. 絕對不要太過專注於單一筆交易，不因一筆生意而欣喜若狂或萬念俱灰。
2. 你從來不會想到「接下來呢？」，因為下一筆交易已經在進行中。
3. 你身邊都是機會，多聯絡，請人幫你介紹，拓展新業務，總之拋出越多球越好。
4. 處理一顆球和處理四顆，甚至六顆，所花的精力都一樣多。
5. 你可以控制球的軌跡，要知道先處理哪些球，哪些球可以快速解決，哪些球要花較長的精神。
6. 不能盲目地丟球，要關心每顆球落在哪裡。

任由恐懼鞭策你成功

十二月某個凜冽週二早晨的四點五十三分，我無法決定戴哪條頭帶上健身房。我在粉紅色和紫色之間舉棋不定時，很難不理會揮之不去的念頭。大家都知道這些想法包括：**如果曼哈頓爆炸呢？艾蜜莉亞會不會氣我工作時間太長？如果我跌倒摔到骨盆，沒辦法帶客戶看屋呢？如果我下太多指導棋，手下團隊再也受不了呢？我好像感冒了，這是感冒嗎？還是流感？就是那種鳥類傳染會害死人的那種？你知道哪件事情很丟臉嗎？沒人要買我的書，只有我爸媽捧場。**

我早上起床都誠惶誠恐，每一天都不例外。但恐懼是我最強大的燃料，最能推動我往前邁進。我一手打造的人生（「塞爾漢團隊」、兩個電視節目、YouTube上的影音部落格、美麗的家、婉約動人的妻子）已經與當年入行時不可同日而語。我說過，那是二〇〇八年九月十五日，雷曼兄弟控股公司申請史上最大規模破產，導致日後所謂的全球「經濟大衰退」。全世界都瀰漫著一種不確定的氣氛，我很難對新工作感到樂觀。當天下班，我到連鎖超市買我最愛的廉價蛋白質，也就是豆腐和優格。我將信用卡遞給收銀員，他幾秒後還我，「刷卡不成功」。我心一沉，囁嚅著說要去領現金就衝出去。我跳上地鐵，一坐下就開始哭，因為我連一罐便宜優格都買不起。我提醒自己不要忘了當天窮困又害怕、擔心自己無法自力更生的心情，一股雄心壯志也油然而生。如今我每成交一筆生意，每完成一項計畫，每次加班，都為了將那一刻拋諸腦後。

你要了解自己的動機，不要忘了內心深處促使你往前走的原因。那可能就是改變人生的分水嶺。光說「我要過得精采，我要賺很多錢」絕對不夠，誰不想過這種日子？好好想想你為何要努力工作、為何想表現得更傑出？什麼原因激發你、鼓勵你更上一層樓？不要讓你的恐懼成為夜裡失眠的原因，反而要利用它，追求最極致的成功。

沒有自信，一切都白搭

我自信滿點，所以才取這個書名。雖然花了很長的時間才走到這個境界，但我現在可以毫不猶豫地說自己是了不起的銷售員。如果我因為恐懼而裹足不前，就不敢打電話給陌生人，也不敢和新客戶攀談。適度的擔憂可以維持微妙的平衡，但你也不能永遠都自命不凡，否則就會停滯不前，這才是業務員的真正剋星。你可能太有信心，成為惹人厭的臭屁鬼，那就太噁爛了。

通常是每天健身完之後，我的信心才會再度湧現。我開始回想一天碰到的難關，例如訓練日本夫妻如何通過管委會面試，成功買下三千一百萬美元的合作公寓[10]；或是明天要成交的蘇荷區一千六百萬美元的閣樓，產權竟然有一平方呎（零點零三坪）的差異。十年前，我最大的煩惱就是繳房租，或趕在室友吳中與何麟用光熱水前淋浴[11]。現在的挑戰逼我發揮更大潛能，也要更有信心。我只能想辦法讓我們這艘船往前航行，那些疑問、麻煩、疑慮和恐懼不見得會消失，可能和我並肩成長。當我回顧入行初期的蹩腳表現，不禁感激起班・甘迺迪。他沒告訴我如何租出公寓，卻讓我看到直接面對恐懼的結果，你會變得所向無敵。

每天早上看過行事曆，我便準備出門。我親吻沉睡的愛妻，戴上耳機。電梯門一開，我深呼吸，踏進去，默唸「就位、預備、跑！」我知道，無論當天要參加哪種比賽，我都已經準備妥當。

10. Co-op，美國合作公寓係以公司的形態存在，所以買賣合作公寓不同於台灣所熟知的買賣產權，而是買賣股份。持有股份成為合作公寓的股東，進而擁有房子及公設的使用權。一般來說，持有的房子越大、股份也越多。既然以公司形態存在，自然就有董事會成員；董事由股東選出，負責該物業的管理和營運。合作公寓不是有錢就買得到，而是要經過董事會審核、甚至面試，董事會有權拒絕購買者。

11. 作者註：他們的名字就印在門口超大的笑臉海報上，所以我才記得。

塞爾漢的做法

你已經下定決心，要改造自己成為銷售天王，太好了。請記住，沒有人可以告訴你如何創造你專屬的成功！相信我，你已經是傑出的業務，只是自己還不知道。你具有所有成功的工具，只是要找出它們，開始使用。現在請用本書的資訊，展望更精采的未來。這一刻將決定，你會創下無可想像的業績。因為你已經主動要改變，這就是個大躍進！從今開始，你整個人會散發出主動自發的氛圍。不要就此打住，要把堅忍不拔當成綽號（呃，不是真要別人這麼叫你），比同業撐得更久，賣得更好。就算這個願景讓你覺得有點害怕又如何？利用恐懼點燃柴火，就此奔向光明大道吧。

你必須：

- 自動自發。你覺得自動自發是什麼模樣？
- 努力往內心探索，找到需要的毅力，跑向終點。
- 讓恐懼成為獲致成功的動力。
- 千萬別忘了，沒有自信，全是白搭。

第二章 「好」的力量

收件人：萊恩塞爾漢公司的絕望房仲
寄件人：可能是垃圾信件的空戶
主旨：投資！

親愛的諸君：
我想在紐約市砸大錢投資房地產，如果各位能幫忙我投資，請回覆。

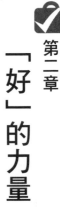

失落之城亞特蘭提斯的X君敬上

現在回想起來，這封信就像垃圾電郵，但是X君不是賣我打折的威而鋼，也不是要我用個人戶頭幫忙轉幾十億美元。這件事發生在我剛入行時，當時我希望手上的案件越多越好，所以……我便回覆了。

「沒問題，我可以幫你找公寓！」

我根本不知道，當我點了「傳送」之後，我就搭上全世界最可怕的業務界雲霄飛車。

我和這位X君往返電郵幾次，先了解他的背景，問清楚他的理想物件。當他說他在「能源產業界」工作，我心中彷彿警鈴大作，「這傢伙絕對是唬爛，要不然就是毒梟。趕快**閃人**。」可惜我沒有，反而上網找資料，蒐集證據，認定真有其人，可能是因為他的姓連結到巴黎郊區某間豪宅。如果他買得起那間房子，就可能真有此事，我也許能締造個人生涯最大筆的交易。我滿懷希望，完全上鉤，我說「好」。

我手上剛好有合適的物件，也是當時我碰過最高價的單位。那是中城美輪美奐的四房公寓，有休閒室和獨立的餐廳，售價八百五十萬美元。對方看過照片和影片，開價八百萬美元，幾次討價還價後，賣方同意以八百二十萬美元出售。成交！不可思議。我出租了幾個月的房子，竟然光靠網路就把豪宅賣給寄信給陌生房仲的客戶。這時還沒有任何可疑之處，我吃了一頓昂貴的晚餐慶祝。接著只要拿到簽名、押金，這筆交易就結案了。不是嗎？這就是單純的房地產交易轉成麥可．貝電影[12]的關鍵時刻，我的事業和自尊差點被炸得粉身碎骨。

X君人間蒸發。他不回我的電話、電郵或簡訊。我不知道他在哪裡，也不知道該如何找到他。我剛說服賣家接受報價，而買家可能是十二歲的駭客，此時也許在中西部貼滿蜘蛛人海報的房間嘲笑我。或者，他可能是海盜，我不知道。我開始懊惱晚餐點了那麼貴的紅酒，為什麼不買外賣就好？賣家想趕快簽約，我越來越緊張自己到底把公寓「賣」給誰。我不想讓賣家失望，畢竟我已經答應他們。身為銷售員，口頭承諾就等同白紙黑字。我不可能說，「抱歉喔，原來買家不是身家上億的外國人，只是玩電腦駭客遊戲的死小鬼。」真相就是我不確定，如果我百分之百確定買家根本不存在，那麼我就會直言不諱，勇敢承擔後果。但是我只有這個買家，除非我確定沒有這個人，否則我會想盡辦法來敲定生意。因此我寄了一封語氣誇張又可能惹火對方的電郵：

12. Michael Bay（一九六五—），美國導演、製片，作品包括《世界末日》、《變形金剛》等賣座鉅片，以大場面製作聞名。

我知道你忙著在失落之城處理「能源」工作，也提到府上在巴黎。如果你有空，也不是想偷我身分的匪徒，那麼我想親自到巴黎，完成這筆交易。

他立刻回信：

哈哈哈。明天好嗎？

親自碰面在銷售員這行很重要。只要客戶對交易猶豫不決、三心二意，我就會立刻安排親自碰面。人們往往舉棋不定，如果沒當場看到你，更不會把這檔事擱在心上。無視簡訊和電郵不難，但要當作沒看到眼前活生生的人就不容易。只要能力所及，我一定親自會面，才能讓客戶感受到你的用心。到頭來，你不但節省時間，做成更多交易，也能準備好處理下一樁生意。

塞爾漢心法第三則

絕對不要低估親自碰面的效果，有時電郵和簡訊不足以成交。

我剛剛說過我其實沒打算飛到巴黎嗎？這下非去不可。我要讓這個買家／海盜／毒梟知道，我認真看待這筆交易。我務求交易成功，這麼說一點也不誇張，因為我要把戶頭最後幾千元拿去買巴黎機票，見見這個可能的買家（或罪犯）。我甚至沒帶行李，只穿了西裝、帶著契約、拿了他所謂的巴黎地址就登機。我很緊張，X君知道我要來，但我沒正式和他敲定時間。我找地址時，他的公司似乎在某個空停車場或汽車展售間後面。看起來並不可疑！隔天早上，經過顛簸的漫長旅程，我一到巴黎就招計程車前往他提供的地址。真有這家公司，但是大家不要太興奮，那裡沒人。而且從外表看來，似乎剛開不久。我大老遠飛來，卡在兩個鼾聲連連的乘客之間，可不甘願空手而回。所以我坐在門口等，買了一個馬卡龍之後，再繼續等。接著我又想，「吃個牛角麵包好了。」我找地方幫手機充電，又買了一個馬卡龍，繼續等。不斷重複這些步驟。天色越晚，我越沮喪。我真是太蠢了，心情從憤怒轉為窘困。我怎麼會這麼笨！我碰到人生低潮中的低潮，覺得自己根本當不了房仲。為什麼其他仲介信手捻來就能成交，我卻辦不到？我在門口自怨自艾時，想著回去該怎麼說。「這趟旅行很有意思，不過他得趕去尚吉巴買頭大象，所以無法見我。」或者可以說，「他忙著在公海搶劫，所以沒時間和我共進晚餐。」最糟糕的就是，「他媽不肯讓他和陌生人見面，或買棟幾百萬美元的房子，因為他還未成年。」有動靜了。我收到電郵，他給我酒吧地址，要我去那裡碰面。我覺得自己似乎開了最後一條巧克力，終於找到彩券。真的。有，這個人。

X君看起來很正常，身邊都是保鏢。有個助理只負責幫他端濃縮咖啡，他只想跟我哈拉，開瓶七百美元的伏特加，最好還能聊到凌晨三點。好是好，但我是去請他簽約，他卻不肯聊到這件事。顯然看這個學生味十足的小子冒冷汗，他覺得很開心。對他而言，這就像場遊戲，規則全由他定。我哀求，「如果我再喝一杯，能不能請你至少讀一下？」這不是我平常做生意的方法，但我有什麼損失呢？不過是我的名聲和事業而已嘛。

就在我開始看到疊影時，他終於同意看合約。「為什麼我要提供這麼多個人資訊？紐約這些人不要我的現金嗎？」他問。紐約那些人當然想要他的現金，但是他們就像娶回家的花瓶，紐約也有自己要錢的方法。雖然灌了幾小時的酒，我還是立刻轉換成銷售員模式，將死的講成活的。「這在紐約市是標準做法，大家都要填相同文件，才能保障安全。」他似乎埋單了，卻還是不簽。我又喝了好幾杯烈酒，幾個小時後才抓著他簽署的合約，搖搖擺擺離開。我拿下一城，但也只是暫時。回到紐約之後才知道，X君沒匯押金，沒付押金的合約等於一張廢紙，毫無意義。八百二十萬的一成呢？難不成他要仿效西部電影裡的銀行搶匪，自己用袋子裝過來？我大概打了一百萬通電話，好幾次幾乎心臟病發之後，才接到對方律師的電話，當時我坐在車陣中的計程車上。X君的八十二萬美元已經匯入戶頭，我終於可以呼吸……

情節快轉到成交之際。他已經好幾週音訊全無，我開始擔心他又有其他想法。這顆球已經在我的口袋好久，我也準備好下台一鞠躬。要過戶的當天，我收到簡訊：

到東方文華酒店來見我，現在就來。

天啊，他來紐約市了！真是太神奇了。我一轉念又想到，不會吧？有夠混帳。總之我還是飛也似地趕到上城，然後就坐在大廳等他。整整等了一小時。等待時，我提醒自己，他才是訂立遊戲規則的人，只要遵照他的規則，我就能大豐收。別忘了，這是我的物件，他是我一手客戶，所以仲介費是八百二十萬美元的百分之六

（也就是四十九萬兩千美元）。我從沒想過自己這輩子可以賺那麼多錢，更別說只是和海盜交手的單筆生意。

銷售可能就像玩遊戲，但你不能制定任何規則。我之所以能和X君耗這麼久，就是我先收起自尊，遵照他的玩法。身為業務員，我們一定要仔細傾聽，因為客戶隨時都傳送信息，說明他們的需要，交代他們喜歡用什麼方法做生意。就這筆交易而言，不見蹤影、延遲匯款、最後一分鐘才傳簡訊，在在都說明，「我才是老大。我們要照我的方法做生意，我才願意簽名、匯款，而且想何時成交，就何時成交。」這是一場遊戲，我想贏就得奉陪到底，我開心與否不是重點。當然，我也可以拒絕這種交易方法，但又能改變什麼呢？我可能會失去這筆生意，這可不是我的選項。千萬別忘記，只要當一天的銷售員，就是從事一天的服務業，這就表示行事要有彈性，要能遵從別人的規則。

塞爾漢心法第四則

要成交，就表示無論何時都得將自尊放一旁。

他終於帶著大批保鑣和助理出現，我們全都魚貫坐進黑色的休旅車隊，我彷彿成了秘密情報員（只是少了槍、少了保命自救技能，也沒有超酷的墨鏡）。

我們開始穿過曼哈頓車陣，感覺彷彿開了好幾世紀。慢著……為什麼車子穿過隧道，開往高速公路？我們要去的是下城！這筆交易始終鬼鬼祟祟，我的擔憂又猛地浮上心頭。**他們打算偷我的器官？我被綁架了？我要被當成性奴隸賣掉？**我正打算發簡訊給母親訣別，發現我們到了甘迺迪機場，顯然我被當成人質。我們停在黑色七四七飛機旁，X君下車。有位先生用銀色盤子端著一瓶香檳走來，這是、怎麼、回事？X君與他交談，簽了一張紙，上車宣布，「現在我準備去過戶了。」沒什麼，他只是在**過戶途中**，順便買了一架七四七！我恢復意識，血壓也恢復正常之後，我們已經回到曼哈頓，完成我仲介生涯最大的一筆交易，下顆球上場吧！

說「好」＝賣更多

回顧這件往事，我承認，聽起來的確很瘋狂。我竟然飛過大西洋，就為了找個可能不存在的人，要他簽約。但是這個故事的重點不是我丟下所有事情，喝了整天的歐蕾咖啡等他，而是我想達成交易的決心。無論金額大小（或過程多瘋狂），我都會盡一己之力成交。吃第三個牛角麵包時，我不懂為何其他仲介只答應接簡單的案子。也許我就是因此才這麼辛苦，同業工作起來才這麼不費吹灰之力。說「**不**」很容易，為自己不能成交找藉口也很容易。只留意可能出錯的環節，或是只留意眼前的挑戰是什麼，的確比較輕鬆，但是這些理由都無法阻撓我說「**好**」。

塞爾漢心法第五則

幾乎每筆交易都會有反對的聲音，我們的目標就是將缺點化為優點。

當然，也許有人認為我對可能是海盜的人窮追不捨很瘋狂。但你知道嗎？別人如果覺得你是瘋子，只是因為他們沒勇氣像你一樣。誰在乎別人怎麼想？這是你的事業，你的願景，也是你的仲介費。幾年後，我還是和X君共乘那座雲霄飛車，只是刺激度又更高了，他的不動產投資已經超過兩億五千萬美元，猜猜是誰賣那麼多房產給他？就是我，再刺激都值得了。

我對很多事情都說好：參加實境節目、賣鬧鬼的連棟屋、接下滯銷多年的物件、代表炒了十五個仲介的客戶，兩週內在布魯克林開公司，才能在新市場賣眾多單位。這份清單可以拚命往下列，我唯一拒絕的事情就是讓活生生的獅子一起進來看房子（那實在太離譜）。第一次和X君做生意，我才真正見識到銷售高單價不動產時，說「好」的威力有多大。我賣得比較多，是因為別人說「不行」，我卻答應了，而且我可以不斷推著客戶往前走。欣然接受每個機會，因為我相信自己，也讓大家知道我是王牌業務，即使當時我根本不是。我也學到，將缺點化為優點，有助於更頻繁也更快成交。有時很簡單，只要問自己，「這個缺點真的是缺點嗎？」例如我要賣採光不佳的單位，如果客戶成天都不在家，或只有晚上回家，我就會把這當成優點推銷。既然你都看不到，何必多花錢買景觀房？花點時間想想你那一行常見的反面聲浪，因為你可能一而再再而三地聽到。要如何向客戶證明這不是缺點？如何扭轉情勢？事前有準備，一聽到就能立刻化缺點為優勢，你就能賣得更多。準備面對更多交易，兌現更大額的支票吧！

意外的銷售武器：即興表演

隨便挑我們開會的週一早上進我公司，你可能會以為誤闖馬戲團或瘋人院。你可能會看到貌似正常人的男子穿著體面西裝說：「你們看！外面又下奧利奧餅乾雨了！」或是旁邊的女人學狗叫，隔壁那個房仲揮舞著想像的翅膀，口裡哼著鄉村歌曲。別害怕。那只是我們團隊的即興表演工作坊。我的成員都要會即興表演，因為練習即興演出就是成為銷售天王的秘密武器。當年還是話劇社呆子的我，壓根兒沒想到，往後成為房地產仲介，即興表演會這麼有用。即興表演可以促進團隊效率，訓練你的心思持續往正向思考，即興表演的精髓就是**同意接招**，再添加自己的創意。即興表演時不接受「不」的答案，這就等同銷售員的精神。如果有人說，「大象生下鳳梨。」你不能回答，「什麼鬼？你真的這麼想？」然後慢慢遠離那個神經病。規則就是得說，「**對！**而且那些鳳梨寶寶有六條腿！」沒有什麼事情是錯的，任何事情都有可能。

「**可以**、**對**、**好**」，是業務員最重要的詞彙。對各種機會來者不拒，你才有許多球可以拋丟。你得說服客戶同意購買，你得接受各種風險。最重要的是，如果客戶說，「我只想向世上最頂尖的銷售人員買鞋，你就是那個人嗎？」你也要毫不遲疑地，從最近的山頂大喊，「**對，我最棒！**」爬上椅子也可以，看你方便。有人對你提出全新、或你不了解的要求，即使你根本不知道如何辦到，也要說**好**，信任自己之後一定能解決。這個動作就讓你領先其他說「**不行**」的銷售員。我參加實境節目《紐約經紀激戰錄》時，才真正了解如何當個房仲。二〇一〇年初，我和其他三千個房仲到哈德遜飯店參加試鏡，當時我還是業界菜鳥。選角導演幾個月後來電，說他們想要我再去試試看，我沒說「算了，其實我經驗不足，」，儘管全美轉播節目就是最大的銷售平台。如果我拒絕，就是失去大好機會，也不會有那麼多球向我丟來。如果你對萬事萬物的第一反應就是「不要」，就等於是放出一頭吃光人生所有機會的小怪獸。

每筆交易都是另一場戲

即興表演需要專心傾聽。如果你的同伴說，「和整缸蜘蛛一起洗澡真有趣，」你的責任就是回答，「是啊，**而且**只有這個方法治得好我的宿醉。」如果你沒仔細聽，不知道她說了什麼，就沒機會往下添柴加火（還會一臉蠢相）。生意其實就是一段陳述、一個故事。如果你想控制這個故事的走向（理想狀況就是成交，賺進一大筆），就要仔細傾聽客戶說的每句話。你不能當個死腦筋的銷售員，不是所有人都對同一首歌有反應，你必須調整旋律，彈出對方想聽的音符。你得時常問自己，「這個客戶需要我做什麼？」然後做出相對的回應。問你自己：

- 為了讓客戶更輕鬆，我這一刻能做什麼呢？我是不是該重新安排時間，讓她更方便？即使是清晨或半夜都在所不惜。
- 這個人需要朋友嗎？當然不是要你成為他們的麻吉或閨蜜。只是他們是否不熟悉這種交易過程？是不是需要更多協助？
- 你的客戶是不是需要人推一把？是不是非要認為你賣的物件就快消失，他們才願意出手？

開口前，先練習專心傾聽客戶說話。花幾秒消化他們的話，再回應。先仔細思考他們對你說什麼，再誠心誠意回答。最糟的就是因為怕尷尬，胡言亂語炒熱場子，這絕對無濟於事。別人只會覺得你是蹩腳演員，雖然記住台詞，卻要別人提示才會開口。請模仿影帝、影后！優秀的演員雖然講的是台詞，態度和模樣卻像是發自肺腑。他們有辦法讓觀眾隨著演出流淚、害怕或大笑。演技奇差的演員用單調的語氣說，「天啊，我的母親走了，這下我該怎麼辦？」沒有人會哭。我**不是**要你學哪個角色，你的舉止必須發自內心。如果有需要，不要害怕挖掘內心深處的感情，優秀的銷售員就是用這種方法呼應客戶的需求，繼而成交高額交易。

立刻報名即興表演工作坊[13]的九個理由

1. 即興表演可以讓你敞開心胸，你才能真正感受到客戶的心情。你和陌生人說話會更自在，更有自信。
2. 即興表演可以激發你的臨場反應。客戶提出問題或反對意見，你會馬上想到解決方法。
3. 練習即興表演時，你的腦子會不斷接招，不會再有不成交這個選項，因為

13. 作者註：就算你住在北極，附近找不到工作坊也別放棄。逼家人、朋友陪你練習，或找其他銷售員一起練習。拜託，我說真的。即興表演是你提升銷售能力的秘密武器（還有，莎士比亞擅長輪式溜冰）。

你聽到什麼都會說好。

4. 練習即興表演能讓你看到自己的優勢和弱勢。
5. 你會學到和同台夥伴產生共鳴，最後就會把每筆生意當成另一場戲。
6. 即興表演逼你在行動之前先傾聽。聽清楚客戶的需求，就是成交的關鍵。
7. 當你擅長即興表演之後，你就能控制故事情節，利用這種技巧控制生意的走向。
8. 即興表演可以幫你克服害羞。
9. 這種練習讓人捧腹大笑。

自信星球：你賣什麼，這個星球上的人都要

我絕對贊成接更多球。但是要把這些球轉化為成交的生意、大額仲介費，就是要讓客戶買下你賣的商品。「塞爾漢團隊」的成員多次走進我的辦公室，要我和客戶談談，因為「他們聽到你的話更有把握」，或「萊恩親口說，可信度更高。」

我隨時樂意伸出援手，因為我希望團隊成功，公司的仲介業務都有成長。其

實客戶會接受我的說詞，不是因為我有神奇魔法，我又不是不動產界的巫師歐茲。買家和業主之所以相信我，是因為我非常有自信。我有信心，所以當我說，「這間公寓很棒，你們應該趕快買下。」絕對不是隨便說說，他們的確該買。而且不是下週或下個月買，是今天就該出手。如果你希望客戶購買你賣的商品，每個毛孔都該散發出自信。

你得下定決心，別無選擇，你非得成為史上空前絕後的頂尖銷售員。我剛入行時，就買了單程機票到自信星球，再也沒回過頭。我說我是全宇宙史上最優秀的銷售員，這是玩笑話嗎？大概吧。畢竟這句話本身就很荒謬。難道我不會犯錯，再也沒新事物可學？肯定不是。但是我知道我會比任何人都更努力打拚，也會在能力範圍之內，盡量促使生意成交、客戶滿意。在我看來，這就是我稱霸的原因，也許你成為王牌業務的原因和我不一樣，那也很棒。

一次只冒一個風險

今天就算我走進放得下布魯克林大橋那麼長的桌子的會議室，我都敢介紹自已是「世上最頂尖的房地產仲介」[14]，但我從沒忘記初來乍到的心情。小時候，我搬家無數次，這種說法一點也不誇張。到一個人也不認識的新學校，日子並不好過。成人要重新拓展社交圈都很辛苦，對孩子來說，更是世界末日。我們剛到麻州時，爸爸對我和弟弟傑克宣布，「該去交朋友了。」他已經計畫好，我們要走完托普斯菲爾德的希爾街，挨家挨戶敲門自我介紹。我們的反應就是，呃，為什麼？現在回想起來，那個點子很棒。但是對當時才五年級的我而言，簡直是宇宙級驚悚。爸爸說，「最糟的狀況是什麼？有人大笑，當著我們的面關門？那表示那個鄰居有毛病，我們要離他遠一點。你們也可能認識許多好人，甚至交到新的好朋友。」

我很害怕，根本記不得第一間和第二間的經驗，印象一片模糊。第三間就不一樣，我們認識巴達瓦斯一家，他們很友善，也超酷。我們兄弟心想，「天啊，爸爸說得對！」當時，心裡有個開關突然開了。恐懼心頓時轉為玩心，而且我想贏。「我們可以敲幾扇門？最後，我可以交幾個朋友呢？」沒錯，由爸爸領著我們去敲門，對一個害羞的小五轉學生而言比較輕鬆。但是我從中學到的教訓更宏遠，我學到「冒險不可怕」。如果我不配合爸爸，第一天上學才是一個人也不認識。就因為我願意冒險，情況才有所改善，至少我第一天上學，不會孤零零坐在餐廳，像個怪咖。

當銷售員也一樣，風險令人聞風喪膽，例如打給陌生人、認識新人、對新客戶提案、混合運用常用的行銷提案。你也可以推開恐懼，專心想著之後的獎賞。新客戶、更多生意、更好的業績？你想要哪種獎賞？業績加倍？賣出新產品？嘗試新領域？賺錢支付孩子的大學學費？還是去度夢幻假期？自從我們去敲門之後，塞爾漢和巴達瓦斯兩家就結為好友。我想都沒想過，這種冒險竟然有這麼美好的結果。如果門後可能有大獎等著我們，就放手敲吧。去吧，勇於冒險，還等什麼呢？你還活著！是不是？再冒險一次，然後從頭再來。

自白：害羞並不可取

我可以走進會議室，告訴任何人，我是全宇宙最頂尖的業務。但那不表示我已經丟開害羞的個性，我沒辦法把它當成臭氣熏天的 T 恤拋開。即使現在，我依

14. 作者註：如果你心想，「他是世上最棒的仲介？拜託，那是因為他上了電視。」沒錯，上電視是優勢，為我開了許多扇窗。但我參加新的業務會議時，我卻得說服客戶相信我會努力表現，儘管我還得上電視。

舊得想辦法克服這一點。上週五，我置身的場合沒有一個我認識的人，我非常不自在。我去參加「希臘倡議會」的餐會，這是艾蜜莉亞非常重視的慈善團體。我比她早到，發現整屋都是希臘人。他們三五成群開心閒聊，彷彿是幾十年的老友。我的直覺反應就是獨自站在角落滑手機，如果能離開當然更好（只是老婆會殺了我）。我到酒吧拿了一杯香檳，開始在屋裡瞎兜圈，一邊瞥手機，看看有沒有精采新聞（結果沒有）。在屋裡繞了半小時，我終於鼓起勇氣跳進水裡。我一點都不想，也知道水溫又冷又令人不舒服，但我逼自己走向最近的人。現場有個拍攝餐會點滴的攝影師，我湊過去，心想最棒的開場白就是「嗨，我是萊恩。」我們聊了幾分鐘，他給我看了幾張孩子的照片。好，我沒溺死，剛跳水也活下來，現在可以潛得更深了。接著攝影師幫我介紹他認識的人，他們都很友善，也樂意與我哈拉。情況越來越順利，我也開始如魚得水。這時小舅子來了，我以前看到他都沒那麼興奮。我沒淹死，也沒人在社交場合自我介紹時就一命嗚呼。

多年後，我們又挨家挨戶去敲門，因為我們又搬家了，這次搬到科羅拉多州。我已經上大學，沒有交朋友的壓力，但弟弟還是高中生，又得重新交朋友。就像所有高中生，他很緊張，我卻為他開心。我的高中生活並不輕鬆，雖然我找到話劇的愛好，但我向來沒有自信。我不是體育健將，也不聰明。我喜歡讀詩，而且每天都穿花稍的夏威夷衫。如果我能回到過去，給高中的萊恩捎個口信，我應該會說：別再害羞，勇於嘗新，沒有什麼損失。詩文和夏威夷衫都很棒，沒參加曲棍球隊也無所謂。約你心儀的女孩出去！我把這些話都告訴弟弟，他牢記在心，在高中大出風頭（但他穿得比我有型多了）。

我們是銷售員，隨時都得和人攀談，認識新朋友。我們時時刻刻都得留心各種機會，因為隨時隨地都會碰上下一個最大方的客戶。時至今日，我仍然得提醒自己，下一個大客戶可能就是我在派對中不好意思攀談的人，我應該放下手機，走向人群。我知道，無論自己的業績刷新多高的新標準，跨出第一步總是最難，但我不能因此裹足不前。下次你覺得害怕，不敢接受新挑戰，切記，收起手機，走向人群，讓大家看看你有多棒，可能就會因此更上一層樓，達到無可想像的新境界。

難道你不想知道人生故事的新轉折？

塞爾漢的做法

說「好」＝賣更多。即使不確定你在做什麼，也不知道該從哪裡下手，都不要害怕說「好」。要是你知道，有多少銷售員因為不敢嘗新、覺得不自在，因而回絕，你一定很驚訝。光是說「好」就足以讓你大幅超越競爭對手。我知道，來者不拒有多可怕。我對許多機會都說「好」，最令我害怕的幾次往往回報最大，無論是金額或感情。別忘了，你有能力想出解決辦法。如果別人覺得你說「好」很瘋狂呢？那更好！表示他們沒有你的勇氣。

切記，說「好」代表：

- 遵照別人的遊戲規則。
- 學習迅速化缺點為優點。
- 繼續增加自信。
- 即興表演課可以幫助你甩開對手，這是秘密銷售武器。
- 每冒險一次，你就會更有自信。

鍛鍊銷售技巧

這本書的主旨就是幫你鍛鍊心志，幫助你成為銷售天王，但我還加入幾個練習。以下練習切勿拿客戶操演，這只是練習！我跳到健身房的箱子上，鍛鍊「爆發力」。但我不會跳到餐桌上，對客戶展現我的爆發力，不然也太秀逗了。這些練習是有趣的工具，越有人性的銷售員，業績越好。真的！演員的工作經驗當然有助於我上實境節目，以前試鏡、演話劇、學生電影的經驗，當然還包括扮演伊凡．華許博士，在在都幫我更適應攝影機入侵我的私人空間，例如車子、辦公室、臥室和浴室。你不必當過演員（就算你從未演過高中音樂劇也無妨），也知道我在書中分享的瘋狂練習就是仿效演員的基本功。我之所以納入書中，就是因為這些練習可以讓你成為更好的人。

問題遊戲

相信你一定已經參加即興表演班，你絕對喜歡，也等不及邀請親友觀賞第一齣表演，你簡直就是下一個蒂娜・費[15]！萬一你想在課餘多練習，我可以提供你一個訓練方法，別謝了！

提問，並且接二連三發問，是業務的重要技巧。想想，如果有人問你，「你今天好不好？」你回答，「好極了。」就此打住，基本上就是暗示這段對話已經結束，而且你不在乎對方好不好。這種互動無法促使感情交流，也無助於你推廣業務。為了確保你和消費者的對話不會走進死胡同，請練習「問題遊戲」。請親朋好友，或優步司機一起做，遊戲很簡單（但玩起來可不容易！）

遊戲規則：

限時兩分鐘（上手之後可以拉長時間），開始對話，首先就是發問。他們必須……你猜對了，以問題回應你，就這樣來回持續兩分鐘。誰先回答對方的問題，誰就輸了。

第三章 為成交打拚

我第一次在東三十六街的房屋開放參觀日見到萊諾斯時，覺得他有點古怪，腦子可能不太正常。其他人穿西裝，彷彿在法律事務所都有自己的辦公室。萊諾斯穿著縐巴巴的豔紫色慢跑裝，一頭黑白相間的亂蓬蓬頭髮。雖然他的穿著打扮怪裡怪氣，但卻散發出自信，而且儘管舉止怪異，他站在四百五十萬美元的公寓裡卻怡然自得。

他沒和任何人交談，因此我過去自我介紹，即便他似乎是某人瘋狂的叔伯長輩。我恭維他選色大膽，因為紫色是我最愛的顏色。我們聊到彼此都喜歡戲劇，我遞上名片，心想大概不會再碰到這位紫運動服大哥。結果他隔天來電，說我似乎很

15. Tina Fey（一九七〇－），美國喜劇演員、編劇、製片，已經榮獲八次艾美獎、兩次金球獎等。

友善，也頗了解市場，他要我帶他去曼哈頓多看幾間。我向來不會以貌取人，萊諾斯的髮型像愛因斯坦、笑容又令人毛骨悚然，但他也是可能買下四百到五百萬美元房產的客戶。

我剛接到一間位於布魯克林公園坡[16]的公寓，我自己很喜歡。無論是精緻的新裝修、偌大的臥室或大理石廚房，都非常優雅。萊諾斯說他想找曼哈頓的房子（可能順便邀我加入哪個恐怖邪教），但我直覺認為，我喜歡，他應該也欣賞。

我提到這間房子時，他說，「我很怕獨棟房屋和布魯克林，」幸好他同意看看無妨。住在默里丘[17]的人鮮少願意大老遠去公園坡看屋，但我也沒認識幾個萊諾斯這類的客戶。他和朋友一起赴約，對方的衣著也同樣鮮豔，他們提出的問題相當不尋常。找連棟屋的買家通常會問，「屋面有多寬？」或「離公園多近？」，紐約市的人熱愛屋面寬闊又緊鄰公園的連棟屋，萊諾斯關心的重點卻截然不同。他不在乎北側牆面能不能容納兩間採光好又通風的臥室，好奇的是，「慢著，這是哪條街？」似乎完全搞不清楚東南西北。要不然就問，「這間屋子附近有橋嗎？」彷彿隨時需要落跑。當他們說要看地下室時，我心想，也對，**新教徒入會得在地下室舉辦，那些人可能還得喝下有毒的酷愛飲料**[18]。總之，我還是帶他們走狹長的樓梯下樓，只是他們到處看時，我獨自站在暖爐旁，留心哪些物品可以拿來防身。萊諾斯說，「好噁喔，而且很髒。」便上樓之後，我才感到如釋重負。

萊諾斯要離開時，我介紹他觀賞我剛看過的外百老匯音樂劇《魔女嘉莉》。萊諾斯兩天後打來，告訴我兩件事：第一，他很愛《魔女嘉莉》；第二，他想開價買公園坡那間連棟屋。

我發電郵給他，請他提供財力證明，我才能轉交給業主。他的反應只在主題欄打「如果方便，請上網查詢」。這樣喔，好吧，我在搜尋引擎中打入他的名字。結果連結到「薩克斯第五大道」和布魯明戴百貨公司的華服，哇，紫色絲絨襯衫？此外還有萊諾斯穿各式各樣古怪鮮豔服裝與名人、模特兒的合照。塞爾漢，你這個笨蛋，萊諾斯的家族專門製造紫色絲絨襯衫啊。要是我早點上網查萊諾斯的背景，就知道他的家族企業擁有歐洲暢銷知名品牌。如果我根據他的外觀幫忙找房子呢？

16. Park Slope，布魯克林的綠蔭街道、歷史悠久的高級住宅區，以其年輕專業人士的社區聞名。
17. Murray Hill，位於中城東南邊，有許多辦公大樓、餐廳，交通方便，是學生和上班族的首選。
18. Kool-Aid，這句話也呼應一九七八年的事件，當時邪教領袖 Jim Jones 把混有氰化物與鎮定劑的葡萄口味酷愛飲料給教徒，九百多人喝下這些有毒飲料。

萊諾斯搬到紐約就是為了經營美國分公司，他從未去過布魯克林，所以才會提出那些怪問題。他的身價約莫十億美元，才不在乎別人對他的穿著有何看法。萊諾斯瞬間從邪教領袖，一躍成為我個人的偶像。

自從我二〇一二年賣那間房子給他之後，萊諾斯幫我介紹了許多生意，現在我們有深厚私交。他詭異的模樣其實是某種特立獨行，我也漸漸習慣。而且他一次也沒洗腦我進入邪教！我在公開參觀日那天和他閒聊時，想都沒想過他日後會幫我介紹那麼多客戶，也沒料到我們會常結伴去看戲。艾蜜莉亞和我與他共度許多重要節日，例如他孩子的滿歲生日派對。這就是當銷售員最棒的一點，任何人都有可能成為你的客戶和朋友。街上所有路人都代表無窮機會，他們的穿著打扮一點兒也不重要。向我買下幾百萬美元物件的人可能穿著鮮豔的運動服，也可能是開襟外套的手肘都破了洞的矮小奶奶。我們不見得會分辨誰有財力揮霍，所以請保持開放的態度，尊敬所有人，以免鑄下大錯。

完全不怕：如何將路人轉化為客戶

我的客戶來自五湖四海，可能和我上同一家健身房、一起在星巴克排隊，他們可能從事金融業、熱愛動物、可能是嫌犯、醫生、囤物狂、老奶奶、藝術家、大學生，有一個客戶還是我在上海認識，我請那家人「拜託幫我傳那盤餃子。」我一整天碰到的任何人都是潛在客戶，是不是很棒？但是老實說，前提是你完全不怕與陌生人交談，銷售員必須找到與人建立情誼的獨特方法。

我剛入行時，可是在全世界人口最多的地區出租和銷售的物件，我不知道如何將身邊成千上萬人轉化為客戶。有一次，我在星巴克問某孕婦，「妳想要換更大的空間嗎？」她無意找房子，但是笑了，我和她建立情感交流。這位孕婦買無咖啡因的卡布奇諾時，不會覺得我是騷擾她換大房的怪咖仲介。我真心誠意，而且發揮幽默感。幾天後，我又對另一個孕婦說同樣的話，後來賣了一間兩房公寓給她。

塞爾漢心法第六則

人們不喜歡被推銷，但喜歡和朋友一起購物。

銷售不是講俗氣的廣告詞，而是與人真心交流。如果你希望客戶在你身上花錢，對方必須覺得你有能力幫他們找到他們需要的東西。人們不喜歡被推銷，但喜歡和朋友一起購物，這是我的團隊常聽我說的口號。想想別人為你做的事情，可能是施恩，可能是借貸，這往往不是出自於陌生人的所作所為，而是和你有往來的人才願意做的。許多銷售員不交朋友、不建立人脈，因為他們希望馬上就有斬獲。千萬不要覺得別人今天就能為你帶來好處，要結交往後對你有幫助的人。

我剛當仲介時，有兩位以色列同事的業績非常好，我問他們都上哪兒找客戶。他們和班・甘迺迪不同，都回答我了，「猶太會堂。」喔，好主意，我心想。可惜我不是猶太教徒，也不想上教會。然而，我虔誠信仰的宗教就是健身。

我和上東區的健身房談條件，只要幫忙在街角發傳單，就能免費使用他們的設施。現在我已經經濟獨立，負擔得起會費，蘇荷區時髦的艾奎諾克斯[19]健身房就是我的教堂。我很想在蘇荷區賣房子，一有這個念頭之後，我就開始積極拓展人脈。「要喝水嗎？我是萊恩。」、「要找位子？」、「你那雙耐吉很好看！」這些話對路人講會很怪，但這就是我在健身房找客戶的台詞，不但奏效，而且命中率之高，我迷上認識新朋友。第一週，我就拿到三百五十萬美元的閣樓房源，並且在四天內賣掉，我賺到的百分之六佣金足以支付一百年的艾奎諾克斯健身房，這話說得一點也不誇張，他們還只是我午間的客戶。

我準備擴大客戶群，何不早上也來健身？我參加金融區的三一拳擊俱樂部，那裡多半都是金融界從業人員。我討厭拳擊，但那裡是運動和拓展人脈的好地方。我很快就認識花旗銀行的法蘭克，我們一見如故，不到一個月，我就幫他賣掉華特街的公寓。但我還有晚上的空檔啊！我第三張會員卡就是紐約運動俱樂部，他們在紐約有一百五十個分店，晚上隨時都可以就地找一間。如果我在上西城有約，我就去西七十三街的點，而且立志當晚就要認識一個當地的朋友。因為擁有三家健身房會員卡，我的活動範圍遍及整個紐約市，而且早午晚都不錯過（附加的好處就是我越來越精實）。

我在健身房認識許多人，但我有自己一套方法。我不會湊到跑步機邊，要對方拿下耳機，對他們說，「嗨，我是房屋仲介，給你一張名片，也許你會想買賣房子。」否則太詭異也惹人嫌，尤其遞名片的人還上氣不接下氣，邊說話邊滴汗。

19. Equinox，一九九一年創立於紐約的連鎖健身房，以高價聞名，客戶多半來自各階層的菁英。

塞爾漢心法第七則

交流擺中間，產品放兩邊。

千萬不要一開始就聊產品，一定要先建立友情。如果你去相親，脫口而出的第一句話是，「你想上床嗎？」事情恐怕不會太順利，恐怕還會被人潑酒。推銷也和相親有異曲同工之妙，初次認識潛在客戶必須拿出真心誠意。發自內心恭維對方，或提問展開交談。先讓對方點頭、微笑。

一旦有交流，才能不著痕跡地帶入產品。如果你生性害羞或內向，就把接觸新客戶當成認識新朋友。妳的閨蜜也曾是陌生人，如今妳卻知道她最黑暗的秘密，例如每天喝五杯南瓜口味奧利奧星冰樂。

重點是我去健身房運動，不只是為了認識潛在客戶。人們之所以投緣是因為志趣相投，其他紐約仲介可能透過宗教、孩子的學校等等拓展人脈。我靠的是健身房，那是我的興趣，我甘之如飴，你呢？

找個你覺得待得開心又能認識新朋友的地方，這裡要讓你覺得常造訪也很自在。我也常逛維他命店和蘇荷區的耐吉商店，我常幻想有一天可以有個夠大的房間，擺出我收藏的大量球鞋。我穿梭在球鞋同好中，偶爾說「這雙葡萄紫喬丹一代復刻版很適合你」。以前我一想到要和陌生人攀談就會心悸，現在只覺得簡單恭維對方，也許就能認識新客戶，沒有也無所謂。

如果希望提高效率，可以為自己定個額度，例如每天至少認識三人，要到對方的通訊方法。如果有必要，可以先從一個開始，但是要養成習慣，所到之處都要認識新朋友。銷售員的人脈等同現金，將認識的新朋友當貨幣看待，那麼每天認識三人，一年就多存一〇九五人，這可都是不主動就無法累積的數字。

塞爾漢心法第八則

人脈很重要，你認識的人越多，就能做越多生意。

簡單的自我介紹或是隨口哈拉，繼而促成一樁生意，甚至認識長期客戶，這都令人讚嘆。我曾經賣房子給在地鐵上、洗手間認識的人，我們隨時都能認識新朋友。艾蜜莉亞和我去紐西蘭度蜜月，我們一直想去這個地方。當時我們住在考利懸崖旅館，那家飯店雖小卻有絕美景色，而且離我們蘇荷區的公寓大概九千哩遠。換句話說，潛在的紐約買家、賣家應該遠到不能再遠。

某天用早餐時，有人走過來，我發誓他對我說的話聽起來就像「掐點滴」。紐西蘭人的英文有濃厚口音，我以為這是當地口語，所以我也回「掐點滴！」後來才知道，這位是住在曼哈頓上東區的方恩・范・東能堡[20]先生和妻子布倫西妲。他們是《紐約經紀激戰錄》的粉絲，尤其最愛我在第二季販售雀兒喜區兩千萬美元物件的那集，那間閣樓——慢著——有個汽車電梯。我們迅速聊了一下，交換聯絡方式，又各過各的假期。

快轉到幾週後，我們都返回紐約市。我傳電郵給他們，提到我們在紐西蘭的巧遇。布倫西妲回信，聊到他們兩個孩子即將大學畢業，需要找個房子。不會吧？我帶布倫西妲看了幾個物件，最後看上西蘇荷區要價四百萬美元的兩房公寓，她認為那裡很適合孩子們。要不是我逼自己先放下美味的比利時鬆餅，向蜜月碰到的陌生人打招呼，回來之後又保持聯絡，這樁生意就不會成交。每次的邂逅、交誼都很重要。

先花一分鐘想想你的生活，你會在哪裡碰到志趣相同的人？你在哪裡覺得最開心？對你而言，在哪與人攀談最自然？任何地方都有可能，也許是公園、咖啡館、瑜伽教室等。就從簡單的對話開始，例如「那是杏仁餅乾嗎？我一直想吃吃看，好吃嗎？」這樣就行了。你不需要約人看電影，或是幫人在度假時遛狗。就從簡單的交流開始，再漸漸往下發展。

我以前作夢都想不到，我現在一週平均多認識一百個人。我不是天生有交際手腕，是後來慢慢鍛鍊。重訓時，你不會第一天就挑最重那個。你會先挑合適的重量，等身體更強壯了才增加負重。認識新人也一樣，也許一開始是一天認識一個，越來越輕鬆之後就加到兩人，接著才是三人。這些練習有助於你與人攀談，繼而提高業績，因為人們不想被推銷，只想和朋友一起購物。

完美的平衡

誰的孩提夢想是成為銷售員？沒有人。我們當業務都有各自的因緣際會，也許你像我一樣誤打誤撞——當初只為了付房租——後來才迷上隨之而來的無限可能。

20. 作者註：諸位應該猜到這不是他的真名，但我不得不說，他的真名更拗口。

你也許是團隊中最頂尖的業務，想要更上一層樓，也可能是還抓不到訣竅的新人。也許你根本不是銷售員，只想改善你工作上的推銷技巧。無論你有什麼故事，無論你有何資歷，我們都有一個共同點：都想推銷更多產品給更多人。我們希望拋越多球到空中越好，對嗎？

多數業務不是太強勢，只想趕快推銷成功，就是太好說話，客戶要求什麼都答應，這兩種風格都無助於生意成交。要提高效率，必須保持雙方的交流，但先著眼於眼前的生意。

狀況劇一：二手車業務

拿人們印象中的二手車業務當例子吧，這種人往往說話極快，油嘴滑舌，一身廉價尼龍西裝。這個人什麼也聽不進去，不肯花時間了解客戶，只想趕快推銷，不在乎客戶的需求。他不管你是不是來買休旅車，總之就想推銷平價跑車柯維特。這部車遠超過你的預算，也不符合你的生活方式。你不會開手排車，後座也坐不下你三個孩子。

後續發展有兩種可能：一、客戶被嚇跑，什麼也不買。二、客戶被說服，買了車開走，但打檔不順時就開始咒罵業務，因為她根本不會開手排車，而且擠在後座的小貝比開始踢她。這兩種狀況的客戶都不會開心，更不可能再上門。

開始越賣越多時，我發現自己誠心銷售，就能證明我推銷的物件符合客戶生活需要，而不是逼他們削足適履。如果客戶喜歡小白球，我就會說能住在雀兒喜碼頭高爾夫俱樂部附近該有多棒。點出產品與客戶之間的獨特連結就是關鍵所在，也是不動產成交的基石，足以左右生意是否能成交。

如果二手車業務花時間了解客戶，她就會把所有朋友都介紹給他，甚至邀他到家裡烤肉。可惜這麼溫馨的場面鮮少上演，因為多數業務都會擺出標準業務嘴臉，持續施壓，希望馬上就有業績。他們的目標是銷售，結果反而失敗。

我們都想要豐厚的佣金、高額的交易，然而長遠看來，有時介紹顧客買較便宜的產品更有利。慫恿顧客買預算之外的產品，對方肯定不會回購。小生意總好過沒生意，開心的顧客會回頭買更多。

塞爾漢心法第九則

不要總是推銷最貴的產品。

狀況劇二：導遊

二手車業務搞不清楚狀況，只想成交，罔顧消費者需求，銷售員另一個大問題就是端出導遊行徑，在我這行尤其是。「這是玄關，這是洗手間。這是一面牆，請跟我來，走這裡。」那不是推銷，這種方法賣不出任何產品。有沒有比二手車業務好一點？當然有，但是銷售員的任務不是比誰友善。房地產仲介不能只是轉鑰匙、開門、開燈，就認為對方會買。但我們常說，「真不懂我為什麼賣不掉那間公寓，我常帶人去看！」哦？是嗎？你帶人看公寓？

開了燈，詳盡介紹了？那不叫銷售。我們先回顧二手車狀況劇，換掉典型的假髮業務，換個像導遊的人賣車。顧客會聽到，「這是一部車子，有四個門、六個座位，是綠色的。這部車出廠兩年等等等等。」你會想買那部車嗎？

無論你賣哪種產品，詳述細節、指出不同的設計，無法讓顧客掏腰包。你必須運用知識、專長，幫消費者找到最適合他們的產品。史提夫．賈伯斯說得好：「消費者要看到了，才知道自己需要什麼。」萊諾斯本來想買默里丘的房子，後來我賣公園坡的連棟屋給他。如果我光說物件地址、介紹建造年代、使用面積等等，不可能有這筆交易。根據我對萊諾斯的了解，我認為那是最適合他的房子，而且他絕對喜歡。

成交必須動之以情，你越快擺脫「業務嘴臉」，了解客戶的情緒、需要，就越能推動生意成交。如果不確定該怎麼做，記得頂尖銷售員的條件：就是為成交打拚。

塞爾漢為成交打拚的方式

我團隊的成員如果覺得交易停滯不前，沒有進度，往往是因為沒有把心思放在生意上。我們很容易陷入銷售所導致的問題、戲劇性場面或情緒而受到牽動。專注於交易，你會想起你只有一個任務：推銷成功，客戶也滿意，對方才會成為你終生的客戶，當你專心促成一筆好交易：

- 你會努力不懈：保持積極正面、隨時準備妥當、思路敏捷。你的工作就是熱情所在，每次和客戶的互動都能明顯看出這點。
- 你會有同理心：你的自尊、自大無濟於事，同理心才能幫你敲定生意。購物牽涉到感情，請別害怕為顧客設身處地，也許這就是你成交的原因。

- 你會有耐性：對結果可以沒耐性，但是對客戶一定要有耐心。
- 你會傾聽：你不是隨便回答，要發自內心。學會讓顧客先說話，傾聽之後，好好消化吸收，再做出相應的貼心回答。
- 你會帶來附加價值：你利用對產品的專業知識，幫客戶解決他們的需要。
- 你會有敬意：對你的顧客、產品和交易過程都是。你的一舉一動都要童叟無欺、真心誠意。

沒有來回協商過程就無法成交。無論顧客是付原價或殺價，一定要經過協議。你無法逼迫顧客購買，他們也不可能自發完成交易。但這不表示你不能讓消費者主導或訂定規則（除非對方是X君，那就隨波逐流吧）。你可以再三保證，幫助他們心安理得地做出這個牽動情緒、財務的決定。我有沒有引領客戶做這個決定，捨棄另一個？也許。對方緊張猶豫時，我有沒有略施壓力？當然有。我賣給客戶他們中意的房子，要歸功於我仔細傾聽對方的需求、顧慮，我才能向他們保證，這個選擇絕對沒錯。我向來強調要注意目標，只要被我鎖定，絕對成交。

驚豔時刻

我最拿手的銷售秘訣，也就是所謂「驚豔時刻」，是我從巴尼斯百貨男鞋專櫃銷售員身上學來。當時我已經當房仲兩年，收入開始穩定上漲。我終於有能力換掉爸爸送我的「艾倫．艾德蒙茲」牌鞋子，也是因為鞋子都破洞了。鞋子穿孔顯然不流行，看起來超蠢。我去了精品百貨公司巴尼斯，告訴銷售人員，我大概想找兩百五十美元的款式，暗自想著花那麼多錢買鞋簡直離譜。他指了一雙亮晶晶的藍色鞋子，雖然設計老氣，但在我的預算之內。除非我想打扮成老成的皮條客，否則我得掏出更多錢。

他帶我去另一區，這邊的款式五花八門，價格高低不一。款式簡單的好鞋大概三百美元左右，但讓人看了就妒火中燒的鞋子要價更高。我發現，名牌鞋和曼哈頓的不動產有異曲同工之妙。

「我可以帶你再看看別雙嗎？我知道你不想花太多錢，但這雙很好看，你一定要試試看。」他從精美的深紫色鞋盒（又是我最愛的顏色）拿出一雙鞋，我一套上就很喜歡。想像一下，那就像把一隻小兔子變成普拉達的樂福鞋（而且又完全沒傷到兔寶寶）。鞋子非常好穿，而且好看得要命。我發誓，我一穿上，信心立刻倍增，那雙鞋有魔力啊。

「你的工作常需要走路嗎？」他問。

「是啊，要走上一整天！」現在我開始幫這個價格找理由。他開始闡述鞋子的高品質做工和設計有助於預防膝蓋損傷，我甚至心想，**幸好我今天來了，這雙鞋可以防止我以後換掉兩個膝蓋！**

他點出鞋子的品質、價值，我讚嘆連連。我很快就相信，這雙鞋可以幫助我的事業扶搖直上，身體健康無虞。只是我負擔不起八百美元的高價，只能謝謝他讓我大開眼界。

「別放在心上！我請你試穿是因為我自己也很喜歡，如果是這雙呢？」他又拿了一雙四百五十美元的義大利精品鞋菲拉格慕，雖然比我預算高了兩百元，但比那雙普拉達便宜多了，因此我買得比較心安理得。我只要加把勁，多租一間公寓出去，就能賺回額外多花的兩百美元。

那天帶著新鞋走出百貨公司時，我發現情緒也能用來促成生意。他請我試穿超出預算的鞋子，我因此驚嘆連連，但他又沒給我購買的壓力，也因此達成兩個重要目標。

第一，我大開眼界。我沒想到好鞋和超級好鞋有這麼大的差別，因為這次才親身體驗到。如果客戶口袋更深，這倒是鼓勵他們買更高級物件的好方法。你無法控制客戶帳戶裡的數字，但你可以控制自己如何介紹商品，這會直接影響到他們對商品的看法。

我試穿過更好的鞋子之後，決定提高預算。「驚豔時刻」也讓我更明白，我的預算可以買到哪些產品，因而調整期望值。沒有人想聽到，「你的預算太低，買得起的沙發都沒那麼好坐，所以你才會東挑西挑都挑不到。」，「驚豔時刻」就是含蓄地教育消費者，他們大概能買到哪個等級。

塞爾漢心法第十則

你不能和別人的皮夾討價還價，但你可以和他們的情緒打交道。

我第一次試用「驚豔時刻」是用在客戶亞曼達身上，她想租西曼哈頓的公寓，預算大概是三千五百美元。我帶看時，喜歡讓客戶看到各種價格帶的物件。我通常會帶他們看預算內的物件，根據金額大小，有時候會說那是「你不會希望你老媽看到的公寓。」接著去看比較高價的單位，這時我就會使出「驚豔時刻」招數。

我帶亞曼達去看七十四街和西區大道路口的兩房公寓，那棟大樓有門房，房間很大，還有訂做的書櫃。房租三千四百美元，但毫無景觀可言。她喜歡，但我看得出她嫌窗外沒有美景，她得趕快找到落腳處，所以不想錯失良機（歡迎光臨紐約市）。我保證不會，問她是否能帶她去看另一間她一定喜歡的公寓。她答應了，那是兩房的閣樓，有陽台，看得到市景，月租四千兩百五十美元。我們走進去時，她差點摔倒。她衝向陽台，「這裡多少錢？我非住這間不可！」她開心大叫。

我說了，不等她失望，我就說，「放心，我知道妳沒有這個預算，況且誰需要陽台啊？樓下還有一間差不多的單位，沒有陽台，房租只要三八五〇美元。妳想看嗎？」她當晚就簽約。

使出「驚豔時刻」這招，客戶會更快決定。況且，你也和他們玩得很盡興！亞曼達看過預算能租到的物件，再花錢租好一點的公寓，也不會覺得罪惡（畢竟那間令她驚嘆連連的公寓才是天價）。

亞曼達住在那裡的時候邂逅了她的丈夫，根據她的說法，她帶男方回家欣賞窗外的景觀。那一晚，我不只成交了一筆生意，也交到一輩子的朋友。不久前，我們才一起吃飯敘舊。她就快臨盆了，考慮買下人生第一間公寓。她在席間起身上廁所，我看到她的外套品牌，那是萊諾斯家的產品。我大笑，傳了簡訊給他。他立刻回覆，「太妙了，我才剛想到你，我要再買一間房子。」

塞爾漢的做法

業務員隨時都要與人交流，無論是排隊時、參加派對時，或站在馬路邊！每個人都可能是潛在客戶。

與人交流必須出自真心誠意：

- 推銷不是講廣告詞，而是建立有意義的交流。
- 與新客戶交談時，要當對方是新朋友。
- 成功的銷售員為雙贏的成交打拚：
- 你不是二手車業務，二手車業務咄咄逼人，只想推銷。
- 你不是導遊，導遊只會指東指西，只為客戶服務。
- 能敲定生意的銷售員：
- 努力不懈。
- 有同理心
- 有耐心。
- 會傾聽。

- 能帶來附加價值。
- 心存敬意。

鍛鍊銷售技巧

業務員的身體和聲音是他的資源。聽起來可能很瘋狂，但你如果無法敞開心房與顧客交談，也許該試試以下的方法。如果你認為，「我不要，太可笑了，」那又如何？的確很可笑，但誰在乎？如果你可以更放鬆，賺得比其他業務更多，還會覺得可笑嗎？你獨自在家時（我也是），請私下練習。這就當成我們兩個銷售員之間的小秘密吧。

幫助你與客戶建立情誼的暖身

你的聲音

先矯正儀態。

希望聲音可以讓客戶安心，覺得自己做對決定，你要先從儀態開始矯正。抬頭挺胸時的聲音最清脆，但也得放鬆，不要太僵硬。不要讓人覺得你已經被冷凍了幾百年，直到現在才剛解凍。一旦肢體僵硬，模樣就會很古怪。儀態好，呼吸也更輕鬆，聲音才會更悅耳。

伸展……你的舌頭。我沒開玩笑。

如果你大學沒修戲劇課，大概不曾和同學圍成一個圓圈，全部人一起伸出舌頭。希望聲音宏亮、清楚，這個動作非常有幫助。盡量伸長舌頭，然後往上伸，再往下伸。先把舌頭放在上排牙齒後方，往外推。轉脖子放鬆肌肉。如果你上過我的戲劇課，就會看到我們用力吹氣讓嘴唇震動，這也是講話之前的絕佳暖身方法。最後再打一、兩個大哈欠，開始吧。

繞口令。

如果你想講話清楚又有自信，請練習繞口令。要習慣在說話時動嘴巴、舌頭，發音要清晰！不斷練習底下這幾句，可能沒你想像中簡單，但是練得越多，你會發現自己講話越響亮、清楚。

以下提供幾則：

- 山上五棵樹，架上五壺醋。
- 山前有個嚴圓眼，山後有個嚴眼圓。
- 山前有個崔粗腿，山後有個崔腿粗。
- 紅鳳凰，粉鳳凰，粉紅鳳凰，花鳳凰。
- 大刀對單刀，單刀對大刀，大刀鬥單刀，單刀奪大刀。

你的臉

沒有什麼事情比眼前的人面無表情來得更詭異了，看起來不自然，也不對勁。要清楚知道自己臉上所有小肌肉，表情才能更生動。練習盡量縮緊整張臉，想像你意外吃到不新鮮的生魚片。維持十到十五秒再鬆開，重複三次。接著則是做出「驚訝！」的表情伸展肌肉，請想像家中狗狗突然對你說話。你一定覺得很扯，維持十到十五秒，重複三次，做得好。

你的氣場

你是推銷動物。

當年兄弟恥笑我是愛哭鬼，我會邊抽泣邊喊，「才怪，我不是愛哭鬼萊恩，我是獅子王萊恩！」但是我歇斯底里地大哭的確很難讓人聯想到獅子，然而這件小事有助於我提醒自己，我其實比表面更強大、更勇敢。有史以來，可能沒有哪本書提過這麼古怪的建議，但請你將自己轉化成某種動物。如果你需要勇氣，需要更鮮明的性格，請盡情發揮。像狗兒一樣狂吠，學獅子般吼叫，有必要也可以在地上滾幾圈。不必有顧忌，你不會有任何損失。一旦你能夠放開自己，學大象用力踩地，大概也不會覺得和新顧客或潛在客戶攀談有多不自在。沒關係，真的，我不會告訴任何人。

第四章
跟進後續大師

那天是二〇一七年四月七日，我賣了一間一千七百萬美元的公寓給賽巴斯欽．羅克。我以後就稱他「家喻戶曉的謎樣男子」，因為他長得就像朵瑟濟斯啤酒的廣告明星[21]。我一個下午就帶他看過六間公寓，他對某間一見鍾情，當場就買下。**萬歲！**你可能納悶，**你怎麼有辦法在一天內就賣出那麼高單價的房子？是走運？還是連哄帶騙？請告訴我，你到底怎麼辦到這麼了不起的事情？**聽起來的確不可思議。那是筆大生意，我現在就說說我怎麼辦到的，其實這筆交易早在五年前就開始談了，我的錦囊妙計就是跟進後續發展。只是手法一流、巧妙俐落。

21. Dos Equis，墨西哥啤酒品牌。該公司著名的廣告有位「世上最有意思的男人」，演員蓄鬍，約莫七十多歲，模樣溫文儒雅，廣告旁白說此人年輕時有各式各樣的冒險，博取觀眾的青睞。

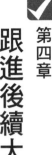

第一步：跟進後續

精通跟進後續之術，是銷售員提高業績的重要能耐。一流的跟進後續分為三個步驟，我們先討論第一個，這就像揮桿開球。這是做生意的第一步，做得不好就走得不遠（高爾夫球可不會自己長腳飛）。這可不是要你不斷騷擾對方，以致潛在客戶看到手機或收件匣顯示你的名字就嚇得半死。一流的跟進手法猶如一場精采的高爾夫球，堪稱是藝術，需要不斷練習、動作優雅和努力不懈，小白球才能落在你想要的地方，最後再進洞，而且真的奏效。如果我不擅長此道，「家喻戶曉的謎樣男子」還是會買進天價房產，只不過不是向我買。佣金會給另一個仲介賺走，想到就心痛啊。我尤其難過，因為我們**幾百年前**就認識。

故事要從二〇一二年三月八日週四說起，我每天都期待去上班，但我尤其翹首盼望這個特別的日子。大概自某個週二，爸爸買 Playstation1 給我們之後，我就沒這麼興奮過，那次我們大概哀求了一年半。《紐約經紀激戰錄》第一季第一集前晚才剛上映，我的人生絕對會因此天翻地覆。因為滿懷期待，我將辦公桌從陰暗的角落搬到陽光普照的窗邊。我就像個七年級學生，為了混進學校紅人當中，不惜丟棄 Trapper Keeper[22] 文件夾。我覺得自己就像個體育健將，以為走進辦公室就會看到一陣騷動，電話響個不停，助理尤蘭達會說，「萊恩，你終於來了，全城的人都打來，大家都指名找你買房子。」

結果辦公室寂靜無聲，我坐下，打開電腦，什麼都沒有，一封重要的新電郵也沒有。幾個人聯絡我，說在電視上看到某個新節目，裡面那個人有點像我，我應該去找來看。太好了。那一整天過得無敵慢，《紐約經紀激戰錄》應該會帶給我無數通電話，我卻只收到臉書上的小四朋友說我長得像某個電視上的男人。

傍晚五點，我該去「艾奎諾克斯」健身，拓展蘇荷區的客戶區。這時，電話響了，是紐約史卡斯戴爾（紐約北部郊區）的薇薇安．羅克太太。「我昨晚在不動產節目中看到你，」她說。「好像是居家樂活頻道。總之，我看了很喜歡，你很耍寶。我和丈夫賽巴斯欽想在城裡買間公寓，希望找你介紹。我們的預算大概是三百萬美元。」太好了，我就等這個！想買三百萬美元物件的客戶直接送上門！太好了！當時我成交的物件超過三百萬美元的還不多，我約好隔天與羅克夫妻碰面。

22. 電腦文件夾，可以放電腦和文件的保護套，但一般都認為只有書呆子才會用。

隔天早上，我站在星巴克門口，緊張地看著街上的行人，看看我能不能在茫茫人海中，一眼就認出客戶。這時一部閃亮亮的荒原路華靠邊停好。後門開了，下車的是一位四十多歲的美婦人和皮膚黝黑、一頭深色頭髮、白鬍鬚的男子。我沒見過那麼講究的西裝，還搭配成套的墨鏡和手錶。因為當時我沒有車，也沒有司機，我問他們想搭計程車或地鐵。他們大笑，要我坐前座，他們的司機會送我們過去。我不是山頂洞人，但我沒坐過這種車，也不認識有司機的人。那部車閃閃發亮，帥氣非凡，還散發出皮革的味道。我的人生轉變了，我踏入全新的房仲層次，我感覺身心舒暢。

當天我帶他們看了好幾間上東城的公寓，我們在車上聊到他們對紐約第二個家有何要求。這對夫妻非常友善，但是兩人各有所好。他想要大窗戶、採光佳、靠近中城。她想要舒適、華美的裝潢，而且要在中央公園附近。他們喜歡東七十街弗里克收藏博物館[23]旁的兩房公寓，但還拿不定主意。他們送我回公司，我回星巴克點印度茶那堤緩和悲傷情緒。

後來羅克太太決定，他們願意看看其他區域，如上西區、蘇荷、西村、翠貝卡、雀兒喜……還有金融區，對了，有沒有漏掉格拉梅西[24]？慢著，布魯克林呢？

我們還沒逛遍那個區域呢！往後半年，我帶羅克太太看了高樓大廈或低矮樓房的各個公寓，我們看過頂樓、連棟屋等等她有興趣的物件。有時她的丈夫會一起來，但他多半行程忙碌，只留我和小薇逛紐約五個行政區，一逛就是好幾個小時。對了，我現在的仲介方法已經不像當年。我接二連三碰到根本不買任何物件的買家之後，終於學乖。現在我會限定買家，幫他們聚焦，告訴對方，買不動產是一連串的刪去法，不是走馬看花亂逛。

但我始終未放棄羅克夫妻，帶他們到處看了一年。每次他們即將出手，賽巴斯欽就會找到反對的理由，例如窗戶不夠多、大廳設計太古怪，或是衣櫃太小，放不了他所有的性感西裝。我開始懷疑，這對夫妻最近根本不想買任何紐約市的物件。也許他們就是喜歡不動產，或喜歡看房仲業的實境節目。不會吧，我竟然成了他們的不動產名人導遊！

23. Frick Collection，紐約曼哈頓上東區第五大道上的藝術博物館，原為 Henry Clay Frick 的住宅。弗里克收藏以其卓越的西方藝術大師作品及歐洲雕塑和裝飾藝術聞名。

24. Gramercy，全名是 Gramercy Park，寧靜富裕的住宅區，中心是私人的柵門公園，社區名稱即是取自而來。

當時我的業績開始巨幅增加，許多交易等著我敲定。我和格拉梅西公園的新地產商簽約，也開始籌組自己的銷售團隊，但我始終沒忘記羅克夫妻。我決定每三週跟進一次，而且從不懈怠，除非他們買房或我翹辮子（只能說天妒英才啊），或我在報上看到他們在蒙地卡羅的瘋狂車陣中發生不幸事故。我要徹底執行跟進後續的第一階段，就是用電郵傳他們可能喜歡的房源，以及「塞爾漢團隊」的簡報重點。

成功的銷售員會盡心盡力的跟進。雖然你隨時準備讓客戶出錢埋單，不見得表示他們有這個意願。然而他們一旦起心動念，你一定要隨時準備就緒。所以你的後續跟進要做得恰到好處，把後續工作分為三類：

超急：這種客戶現在就準備要買，時程表都訂出來了。你要天天聯絡，隨時通知他們產品發展和銷售過程。讓他們清楚知道，你為他們賣命打拚。

不太急：不急的客戶正在**考慮中**，有購買的意願。你一週聯絡一次，通知商品發展和銷售狀況。

不急：不急的客戶並不積極想出手，但這不表示你不必跟進，一個月要和他們聯絡一兩次。他們一旦決定購買，你就會神奇地出現！

我和這位「家喻戶曉的謎樣男子」繼續糾纏了多年，上次回覆是幾個月前，後來乾脆完全失聯，我的旅伴小薇也不見人影。我的行事曆每週都安排專門跟進後續的時間，我每天都跟急著購屋的人通電話。跟進後續的工作並不有趣，一定要特別挪出時間強迫自己。如果有時間看影集《實習醫生》，我何必花一小時跟進？因為行事曆要我這麼做。最後你就會自動自發，如同肌肉記憶，不必在行事曆上特別標明「跟進後續發展」。在你把這件事當成早晨刷牙一般自然之前，都要特別挪出時間進行這項工作。

「家喻戶曉的謎樣男子」每幾週依舊會收到我的電郵，儘管他再也沒回覆，但是某一天……

二〇一三年十二月十二日，週四
寄件人：萊恩・塞爾漢
寄件日期：二〇一三年十二月十二日，週四下午一點三十分
收件人：賽巴斯欽
主旨：東七十四街三十三號

親愛的賽巴斯欽：

你聽過東七十四街三十三號的新建案嗎？惠特尼美術館原有的那六排房子現在要改成自用宅。

總共只有十個單位，從四千平方呎（一一二坪）的三房單位到一萬平方呎（二八一坪）的五房單位。底價是一千三百萬美元，預計二〇一五年完工。

祝順心如意，這間應該很適合你們！

萊恩・塞爾漢

寄件人：賽巴斯欽
寄件日期：二〇一三年十二月十三日，週五早上十點五十六分
收件人：萊恩・塞爾漢
主旨：東七十四街三十三號

萊恩，

謝了，我沒聽說這件事，倒是可以考慮。

祝你順心平安，順祝聖誕、新年快樂。

他回信了！我欣喜若狂，彷彿中樂透。但是那位「家喻戶曉的謎樣男子」並沒買東七十四街三十三號的任何單位。天價的一千七百萬美元還要等四年，其間我大概又發了一百封電郵。如果你認為我早就知道他終究會出手，那你就大錯特錯，我有沒有想過要放棄呢？沒有。其實大部分人早就放棄，早把他當聖誕節的禮物襪子丟到牆角。如果他現在不想買房子，我們何必努力呢？但是跟進後續狀況很簡單，當你平常已經習慣這個動作，快速發個友善的電郵幾乎不費力，也不花錢。**不花錢欸**！發電郵不花一毛錢，也沒花多少時間，就算沖一杯品質普普的咖啡都要更久。然而羅克夫妻如果有機會買房子，哪種房子都好，一定要由我仲介，所以我會繼續跟進！

當你跟進時，千萬不要傳普通的電郵或便條，不要說，「嘿，你還想買按摩熱水池嗎？我有一台可以賣你。」誰想收到這種信？你每捎一封信都要有附加價值，附上某個物件或新產品的資訊。你剛好看到一篇文章說，「有熱水池的人心情比較放鬆，比其他可憐蟲活得更久。」附上這篇文章，再友善地提醒你只有那週提供免運費服務！

我在社群媒體上留意所有客戶的行蹤，也在行事曆上記下他們的生日。我上次發現葛瑞塔・藍柏的兒子詹姆斯剛過十歲生日，我剛好可以順著這件事發訊息。我在電郵裡說，「哇，詹姆斯長得好快，你們一定覺得房子越住越小。」葛瑞塔回覆，「萊恩，很高興收到你的信，的確很小啊！」這下她表達出購屋意願，我下週就會發送她家附近的物件給她。

友善的跟進電郵才有更好的效果。

二〇一六年十二月初，「家喻戶曉的謎樣男子」終於親自打給我。自從三年前聖誕節那封電郵之後，我沒收過他任何回信。但是我從這通電話知道了幾件重要事情。

1. 他離婚了。**呃，我不驚訝啦**。
2. 他的財務狀況改變。本來預算是三百萬美元，現在是一千五到兩千萬美元，**我的老天爺**。
3. 他打給我，因為我「努力不懈，這麼多年來都保持聯絡」。
4. 跟進後續狀況真的有效果，只花你那麼一點心力和時間，卻絕對值得。

我們約好時間看房子，這次少了羅克太太，他可以很快做出決定。他在二〇一七年四月七號購屋，我的佣金是五十一萬美元。從我認識他那天起算，大概是每天賺進二八〇美元。

第二步：貫徹承諾

西六十二街六十一號的和諧大樓，是位於上西區的林肯中心和中央公園附近的高樓大廈。雖然這棟物業的名稱令人想到陽光、彩虹，二十一號E座的門內卻藏著截然不同的故事。屋主熱愛哥德復興式風格，整間公寓就像西班牙天主教教堂。你知道，很普通啦。

屋裡到處都是壁畫、蠟燭，我在裡面走著走著，似乎可以聽到管風琴的聲音。客廳的棕色絲絨組合式沙發旁就放著十九世紀的告解室，不過這倒很方便，因為我很快就發現這間公寓還真的適合罪人。我第一次踏進屋內，就發現天花板中央有個鉤子。猜怎麼著？這可不是用來吊盆栽，是拿來吊性愛鞦韆的！這個單位還有監視器，可以用來監控……每個房間。因為哥德式裝潢不是一般的甜蜜居家風格，這間屋子超級難賣。最後，我借助內衣模特兒的幫忙，在推出這個物件的半年後，我竟然可以推行神蹟，以屋主要求的價格賣出這間性愛殿堂。

這間屋子推出之後，我見了許多買家。一個是坎貝爾．吉利安先生，他是開放看房日進來的客戶，想幫家人換間大一點的房子，教堂式裝潢顯然不符他的需求。因為吉利安先生看起來很正常，我完全了解為何不合他的胃口。我將他的聯絡方式輸入資料庫，繼續與他保持聯絡。

我很走運，有機會銷售坎貝爾位於上西區的複合式閣樓。那個單位有許多優點，面積是二七五〇平方呎（七十七坪），有三個陽台，戶外面積有六百平方呎（十七坪），天花板挑高，還有四個臥室。那間公寓非常適合闔家居住。然而有優點就一定有缺點，而且是個大問題。那是兩間閣樓合而為一，感覺似乎有點急就章。臥室沒有統一風格。客廳有兩個，每間旁邊都有廚房，而且那間公寓的階梯比艾雪作品裡的樓梯還多[25]。

那間也很棘手，每個人一進去都說，「好奇怪的格局」，接著就從數不清的階梯離開。但是這個屋子很適合有小朋友的家庭，因為有寬敞的遊玩空間，最後我在那裡幫媽媽和孩子們辦派對。這是我頭一次為了賣房子而在臉上彩繪、戴上小丑般的墨鏡，還和兩、三歲的孩子一起跳舞，但是我成功售出了。

這就是第二步驟，貫徹到底。如果**跟進後續**相當於擊球，**貫徹承諾**就決定球的走向。我的高爾夫球打得很爛（棒球也很差，其實我不擅長任何一種球類運動），但我知道，如果揮桿之後，手腳動作不跟上，那顆球可能打不遠或打歪。

我很開心幫坎貝爾的閣樓找到買家，也發現不動產是他的嗜好。他喜歡了解趨勢、研究新建案、密切觀察房市。他常和我聯絡，詢問市場上的物件，有一次還要我幫他研究他有興趣的房子——只是地點在愛荷華州。有些仲介可能覺得煩，或覺得他們「沒時間管這檔事」。如果我的團隊有人說他們忙到無法回覆客戶，隔天就不必再進公司了。對坎貝爾這樣的客戶而言，仲介能否提供服務，能不能貫徹承諾，關係到他會不會再把你介紹給其他人。儘管我不知道愛荷華州的房價，我依舊樂意幫他查詢。我不認為這是白費工夫，因為坎貝爾只要想到房地產，我希望他自動聯想到兩件事情：（一）只要和不動產有關，我就找萊恩。（二）只要我請萊恩幫忙，他答應的事情就一定會辦到。

25. Maurits Cornelis Escher（一八九八—一九七二），荷蘭版畫藝術家，以其錯視藝術作品聞名。

塞爾漢心法第十一則

永遠把客戶當成初識。

你的顧客資料庫不是通訊錄，而是記載你們的關係。如果希望顧客回購，想賣更多，你就得細心呵護這些關係，即便眼下不會立刻有進帳。我告訴我的團隊，要把每個客戶當成初識，即使已經認識對方好幾年。切記，客戶就是社交貨幣。十年前拿到的一百元紙鈔，現在還是價值一百元[26]！老客戶和新客戶一樣重要！

打電話、發電郵，誰都做得到，但貫徹承諾是另一個層次。方法很簡單：徹底執行你的承諾。如果你告訴客戶，研究之後再回報，就要說到做到。如果你說十二小時回覆電郵，就要說到做到。如果你答應自己，每天要認識三個人，不要妄自菲薄，就要說到做到。

貫徹承諾可以讓客戶看到你有多認真，多關心他們，還能讓他們知道你有多可靠。你想賣更多，想與回購顧客建立情誼，貫徹承諾就是區別你與其他銷售員的簡單策略。證據在哪裡？我多次貫徹承諾，坎貝爾最後向我買進一間公園大道上的三千六百萬美元公寓。

對自己、對別人都要貫徹承諾。如果你答應自己，每天要花多少時間跟進後續狀況，卻總是出爾反爾，那就該建立究責制度。和隊員一起計畫，或是互相較勁，逼自己做到。

第三步：回頭關注

那是二〇一六年十二月的紐約。所以到年底之前，我每晚都得用蹩腳的社交技巧，參加城裡各式各樣的節慶派對。某個晚上，我去史坦德飯店頂樓的夜店Boom Boom Room，參加一年一度的麥迪遜房地產派對，那是拓展人脈的絕佳場合。我認識銀行家強納森．史騰時，旁邊還站了一群人。我自我介紹，迅速換手拿照燒雞肉串，才能和他握手。當時史騰正在布魯克林綠點[27]開發地產，那裡正好是

26. 作者註：如果有人拿出計算機，打算寫電郵告訴我，因為通貨膨脹，當天的一百元不等於今天的一百元，請各位不必浪費時間了，我非常了解。這只是打個比方。

27. Greenpoint，紐約市的「小波蘭」，因為臨近的威廉斯堡開發飽和，也帶動這區的開發。

我越來越看好的新社區。我們聊到綠點迅速成為布魯克林最夯的地區，也聊到那裡兼具波蘭餐廳和藝廊的奇特組合。交換聯絡方式之後，我就去拿飲料，探索迷你漢堡的口味，準備回家找我最愛的人類，艾蜜莉亞。搭電梯下樓時，我發電郵給史騰，說我很高興五分鐘前認識他，希望有機會能去看看他的建案，我問他是否能約週二或週三。

不要等著後續跟進，**現在**就做。這也是我博取注意的小秘訣，沒有人跟進的速度快過我，當你想找時間碰面跟進後續狀況，提議你有空的日期，不要光問對方是否有空，請主導公務方面的人際關係發展。

史騰說他和妹婿在綠點麥卡倫公園有個開發案。太好了！但問題來了：「我已經找了一個仲介，」他說。「你想看看工地嗎？」我當然想。

逛工地那天可說是「又雨又雪的要命寒天」，離我們在夜店碰面才過了幾週。我包得像個粽子，小心翼翼地前往綠點。看過之後，我向所有人道謝，說我會盡量幫他們介紹買家。我將史騰的妹婿查德．蓋辛加入通訊錄，確保他們每個月都能收到「塞爾漢簡報」。我**沒打算**偷走別人的客戶，我自己就碰過這種討人厭的低劣舉動。我開始追蹤，保持聯絡，讓他們知道我多勤奮，如果下一個開發案找我，就知道我有多認真了。我不是目前這個建案的仲介，但我希望查德下次有其他案子可以優先想到我，這就是我拿到球的機會。

時間快轉到半年後的六月，某個週一，我突然接到查德的電話。他說他們即將推出羅里默街八六八號的建案，也就是我一月看過的那個，但他要另外找仲介。他說我努力不懈，他就需要這種仲介來賣房子。「你有興趣嗎？」當然。然後他問我能不能在週四就推出這個房源，呃，好喔。

當時我不知道該如何及時因應。處理這麼大的建案，我通常需要半年的時間，而且在推出前一、兩年就得開始準備。這次只有四天！我得在四天內備齊所有視覺資料、數位、印刷行銷宣傳品、平面圖、文宣，必須印好廣告、設計、籌備派對、廣發邀請函……要做的工作還有一籮筐，我們得在一週內想出行銷方案，找好營銷團隊。太扯了，我又長了更多白髮，但我們辦到了，而且成績斐然。我們在半年內賣掉九成，還打破兩項售價紀錄。這都要歸功於我在派對結束後搭電梯時發電郵給他的姻親，之後又追蹤了好幾個月。

回頭關注不同於跟進你現有的客戶，回頭關注是與以前的客戶，或是跟尚未僱用你的客戶保持聯絡，一般銷售員多半會錯失這個大好機會。跟進後續是跟相關人員聯繫，只是擊球。動作順勢跟上（貫徹承諾）是確保小白球順著你希望的軌跡飛行。回頭關注則是再回到球旁邊，才能再揮桿！這是高爾夫球的原理，銷售也一樣。只要遵照這三個步驟，一定可以揮桿進洞。

跟進後續三步驟：

跟進後續

貫徹承諾

回頭關注

因為總是有仲介在成交之後就失聯，我不知道因為這個原因接到多少新客戶。他們從此人間蒸發。為什麼？我一想到有人不再聯絡客戶，就覺得噁心想吐。這只是一個小動作，也是與客戶建立關係的真誠交流。這個方法也能保持機會暢通，儘管當下可能是死路一條。我不是每次出手都能拿到我想要的案子（常常大失所望），但我不覺得從此就沒有機會。我繼續追蹤，就能讓建商或客戶看到我有多優秀（以及他們下次為何應該僱用我）。

成交之後才是友誼的開始。顧客買了產品，你就認為這段關係結束，實在是大錯特錯。成交代表進入關係的另一章，交易之後保持聯絡，好比詢問他們是否喜歡熱水池，翻修過的廚房是否實用，甚至問問她們穿去女兒的婚禮是否得到好評，回頭關注可以帶來回購。

我很想爭取紐約另一個大建商在公園坡開發的新建案，而且費盡心思，可惜建商看不上我，認為當時我的團隊太小。我大可以不高興或生氣，太小？不會吧？但我也可以保持聯絡，讓他知道這根本不成問題。我決定送禮物給對方，謝謝他們給我簡報的機會，我訂了三公尺高的無花果樹，請四個工人送去他的公司，上面只寫了「**衝擊力**」。我的人手可能少，但別搞錯，我知道如何擲地有聲。

他注意到了，我持續跟進後續，兩年後，他打來說他有個新建案是布魯克林第一個摩天大廈，他找我去做簡報。我的表現正中紅心，至少我自己這麼覺得，結果他說要等兩個月後再做決定。什麼？我都不知道兩個月後是否還活著哩……但我會努力活下去，因為我很想賣那棟大樓。

我可以因此心慌意亂，像個枯等心上人回電的十六歲少年，死守在電話旁，也可以利用這個機會回頭關注。我們團隊腦力激盪，想出另一個更有意義、比大樹更令人印象深刻的方法，我們買了一個與建築有關又現代感十足的書擋，送到他的公司。我們並不以此自滿，隔天又送了一本書，附上短箋。第三天也一樣。第四天又寄去，接二連三，沒斷過。等他決定要找哪家仲介時，他美麗的書櫃上已經有許多精心收藏的書籍。我知道自己最適合賣這個建案，決定每天送他一本書，直到他決定選我為止，這種方法真能保證我爭取到這個案子嗎？不能。但是他每次走進辦公室，絕對沒辦法不想到我的團隊、我們的熱情和決心。那就是莫大的影響力。

一個月後，他發電郵給我，主旨是「**布魯克林**」。信中寫著：「**你贏了，我們合作吧，不要再寄書了。**」

身為業務員，我們沒辦法拉攏每個客戶。聽到對方說，「我已經找別人」也是我們日常的一部分。這的確很討厭，我超不想聽到這句話，但這句話不見得是故事的結尾。買賣不成情誼在，好好利用上述的三個步驟，你就能取回部分主導權。跟進後續、貫徹承諾、回頭關注，正能提供額外、便捷的免費機會，給客戶看看真正的你（有多優秀等等）。下次沒如願拉攏客戶，謹記，這不是句號。拿出你的行事曆，特別挪時間跟進後續，看看跟進後續三步驟能帶你走多遠，即使最後都失敗了，還有第四步：算了。

塞爾漢的做法

「跟進後續三步驟」是我最重要的銷售秘訣，我實在不明白大家為何不這麼做！在行事曆上規劃時間做跟進後續，看看新業務如何手到擒來吧。

跟進後續

1. 絕對不要期望別人與你保持聯絡。
2. 除非對方點頭，或是你讀到他們的訃聞，否則都要繼續。
3. 每、一、天，都要跟進交易進行中的客戶狀況。
4. 跟進後續只是拍球，這是第一步。

貫徹承諾

1. 說到就要做到。
2. 如果有必要，要成立究責機制。

3. 絕對不要忘記，對方不只是客戶，你要建立感情。
4. 貫徹諾言才能讓球照著你要的軌跡走。

回頭關注

1. 與過去的客戶保持聯絡。
2. 不是成交之後就不再聯絡。
3. 與你失去的客戶保持聯絡。
4. 回頭關注是追回球的機會。

第五章
買賣的七個階段

無論你在哪一行，每個銷售員都認得這種顧客。莎拉要的不是公寓，而是一頭獨角獸。她理想中的房子根本不存在，每一間都不合她的意。我帶她看過上西區的兩房單位（太小），長島市的三房單位（太大）。我們看過低樓層的公寓（太低），高樓層的公寓（「萊恩，我不能住在這裡，我有懼高症！」）。可是我決心找到她喜歡的房子，結果我差點沒命。在那段曠日廢時的漫長過程中，我悉心留意她的喜惡。她喜歡新屋、戶外空間、開放式廚房，不喜歡老房子、矮天花板和養過貓的公寓（即使貓不在了，貓糞的味道卻揮之不去）。她很喜歡二十三街某間房子，可惜我帶她看屋時，我們可以清楚聽到客廳背面的住戶正在嘿咻；主臥室另一邊的鄰居則熱愛電玩。上東區有間房子有超棒陽台，但是當我們欣賞完景色，她正要開價，隔壁鄰居直接翻牆過來打招呼，這是千真萬確發生過的事。

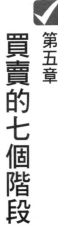

最後，我終於找到一間公寓，完全符合各、個、要、求。沒養過貓、隔壁沒人打電玩，也沒人跳過陽台。臥房數目剛剛好，陽台景色絕佳，雖然是頂樓，但樓層不會太高，還有個開放式廚房。我們走進屋裡，她沒向我道謝，沒說我竟然能幫她找到彩虹翅膀的獨角獸，迅速繞了一圈就說，「不要，我沒感覺。」

她沒感覺？我開始覺得我根本無法幫莎拉找到房子，至少在我退休前都沒辦法。我痛恨半途而廢，但我就是找不到她投緣的房子。隔週，我約莎拉到中城喝一杯，因為我如果不向她道別，就得開始吃降血壓藥了。我們到酒吧之後點了酒，我已經準備發表那番尷尬的對話，她突然說，「嘿，你知道對街有家很棒的脫衣舞俱樂部嗎？我們去看看！」原來莎拉喜歡脫衣舞俱樂部，愛得不得了。莎拉在健身業佔有一席之地，瘋狂熱愛健身，仰臥起坐的數目可能比我還多。她顯然想看看其他女人的身材，所以我們去了脫衣舞俱樂部。

莎拉迷上那些結實的腹肌和漂亮的二頭肌。我要聲明，她不是戴著有色眼鏡觀賞。莎拉就像個做研究的教授，對舞者在鋼管上發揮的核心肌力讚歎連連。我沒機會向她道別，因為我們忙著討論這些女子每天攝取多少精益蛋白質。當晚，我又更了解莎拉了。我發現，欣賞這些年輕女子是她釋放壓力的管道，也許甚至可以短暫放下她的不安全感。她年紀比較大，又是剛離婚的單親媽媽。儘管她身材健美，但她哀嘆自己已經沒有二十一歲脫衣舞孃的身材。脫衣舞俱樂部彷彿可以讓她更有自信，如虎添翼。我們午夜離開，莎拉回家健身。

我依然決定先放下莎拉，但我隔天就看到雀兒喜有個物件簡直理想到不可思議。房價低，因為附近都是新房子，以致那個單位不好賣。景色好、有陽台，還有超棒的健身房。最棒的關鍵呢？隔壁有一家脫衣舞俱樂部。如果這間屋子還不成，那就沒有一間合她的意了，那麼我已經試過各種可能，該放下這顆球了。

我傳地址給莎拉，請她直接去那裡見面。我說要帶她看一間公寓，她絕對會拍案叫絕。我抵達時，她露出燦爛笑容，「萊恩，我以為你要帶我看房子。如果你想去『Scores』脫衣舞廳，幹嘛不直說？」我帶她走進舞廳隔壁的大門時，她一臉困惑。我們搭電梯上十二樓，雖然是頂樓，又不至於高到讓她懼高症發作。那間公寓很漂亮，房間大、採光好，還有開放式廚房。更正點的是，那個單位有私人屋頂小屋，還附設露天廚房。雖然室內空間略小，但是她喜歡公寓所有特色，包括臨近Scores。她當天就出價，她終於找到完美的住家。

塞爾漢心法第十二則

待辦事項清單才需要一欄一欄劃掉，生意要成交可不一樣。

莎拉看不上我認為最適合她的公寓時，我真想從拚了老命幫她找到的陽台上往下跳。那個單位符合她開出來的所有條件，但她「沒有感覺」。每一欄都劃掉不表示生意能成交，優秀的銷售員在生意每個階段都知道客戶會有什麼反應，因為他們了解客戶的心情。找房子讓莎拉情緒緊張，希望下一間會更棒。這個過程不只是找房子，也與她的未來息息相關。我發現，她上次去脫衣舞俱樂部也有相同的感受。幫莎拉找公寓這麼難，不是因為她挑剔，是因為她覺得失望，她也看得百無聊賴了。我了解她的心情之後，才有辦法帶她找到合適的公寓，繼而做成買賣。我們找到理想公寓（莎拉在裡面覺得如魚得水，才能自在地花大錢），她才有辦法表態。每個人願意掏腰包，往往都有一個潛在的理由。

我有個客戶堅持住市中心，不肯前往二十三街以北……除非去看歌劇（大都會歌劇院位於上西區）。後來找到一個符合她需求的單位，雖然位於林肯廣場，但我相信臨近歌劇院這一點可以贏得她的芳心。她本來不肯去，但我帶她到窗邊時，她的眼睛都發亮了。窗外就是林肯中心著名的噴泉，幾乎坐在客廳就能聽到音樂。這就是因緣俱足的一刻，後來她當然買了。

歸根究柢，每樁交易都有同樣的情緒循環，從興奮、失望到開心、如釋重負。要同時應付這麼多球，你必須準備好應付這個循環的每個環節，也需要知道每顆球正在哪個階段。這就像你必須準備迎接欲來的山雨，大雨不會說來就來，通常先有風滿樓的警訊。例如小雨、大風或高飛的烏鴉。無論顧客買的是婚紗或滑雪板，這個道理都適用。機靈的銷售員知道生意的走向，也了解每個階段都能幫助他們更快成功售出。目標就是毫髮無傷地從最糟糕的階段脫身而出，即使面對的是所謂的F5級（有「上帝之指」之稱）龍捲風[28]。

每筆交易的階段

在房地產仲介業，我可說身經百戰，沒有任何事情能叫我驚訝，一件也沒有。

28. 龍捲風由藤田級數劃分，該級數是一九七一年由芝加哥大學氣象學家藤田哲也提出。F5級就是毀滅性災難，可以颳起堅固的建築物，車子也會像飛彈般噴射。

只有一次除外，我沒料到客戶送了我可愛的豬寶寶當禮物。每筆交易都有同樣的七個階段，毫無意外，無論是買房子或新鞋[29]，購物與需求的關係還不如精通悲傷買賣七個階段的關聯更大。我們每個人都需要鞋子和住所，人類需要遮風擋雨的地方。我不知道你住的地方如何，但紐約市的馬路超髒，我寧死也不想光腳踩。如果買房子、鞋子或找人按摩等等只關係到需求，買任何東西都花不了兩分鐘。可是沒有人會赤腳進鞋店，多數人都擁有至少一雙以上的鞋子。理論上，我們只需要一雙鞋子，就能免於寒冬之苦，也不怕踩到生鏽的釘子！人們進鞋店是因為買更多鞋能滿足渴求。買任何產品的情緒歷程都一樣，只是有些交易的過程比較短，有些幅度有些出入。每樁交易有九成五的機率，都符合底下我摘要說明的悲傷買賣的七個階段。只要知道顧客在每個階段可能有的反應，你就能做出相因應的措施，預測下一步，最後交易成功。

第一階段：興奮

記得跟進後續那章的坎貝爾．吉利安嗎？我在他家辦寶寶派對之後，賣掉那個空間配置古怪的複式閣樓。後來我又走了運，幫他買到夢想的居所，而且他的預算是兩千萬美元（媽媽咪啊）。

坎貝爾一看到那間公寓就被迷得神魂顛倒，就是它了！那是公園大道上的豪宅，天花板挑高四米半。他想像自己在廚房幫孩子做煎餅，或是在偌大的陽台一邊喝昂貴威士忌，一邊欣賞城裡的日落時分。坎貝爾樂、壞、了。後來他聽到價格，業者開價四千萬美元，那間房子是我用來讓他驚豔的單位，我說較低樓層有個天花板較矮的單位相對便宜。但坎貝爾看過這間之後就不肯屈就，即使價錢遠超出預算。我們開價三千萬美元，後來以三千六百萬成交。回到他樂壞的階段吧！

- 顧客在興奮的階段只看到物品的好處，只看到他們的人生會變得更加光明燦爛，過程猶如陷入愛河。
- 你們處於興奮階段的徵兆包括：「我愛死了」，「天啊，我能買到真是開心」，「今天是我這輩子最快樂的一天」等敘述。情緒高亢，喜極而泣。

29. 作者註，我常拿買鞋當比方，因為我有豐富的買鞋經驗。

第二階段：氣餒

接著就是併發症。合約太難協商，業主不好搞，坎貝爾開的條件，對方一個也不答應，我提過那棟大樓還沒開工嗎？產品（公寓、車子、訂製沙發）還沒問世，消費者更容易氣餒。坎貝爾開始認為，這間公寓不值得他大費周章，喔哦！龍捲風警報來了。

- 在氣餒階段，買家只看到缺點，突然發現產品怎麼看怎麼不順眼。他們還沒決定終止交易，但已經怒火中燒。這個階段也可以稱為怪罪階段，因為多數買家開始怪東怪西（多半把氣出在我們身上）。
- 進入氣餒階段的徵兆包括：不耐煩地打電話、發簡訊和電郵，質問事情怎麼還沒辦成，威脅要打退堂鼓。

第三階段：恐懼

坎貝爾的氣餒轉化為十足十的恐懼，因為賣家拒絕同意他對這間尚未興建的大樓要求的噪音強度。如果賣家在噪音強度方面不肯讓步，絕對有所隱瞞！他擔心超高的天花板是否不夠高，最後會懷疑自己是否做了一筆壞投資。坎貝爾說服自己，一定還有一樣棒的公寓，所以不買了。儘管他一見鍾情，還是決定放棄這間可以做美味煎餅、欣賞燦爛日落的公寓。我們重新來過，又開始找房子。恐懼化為龍捲風，所到之處，屍橫遍野。

有個發展倒是很妙，就這個案例而言，恐懼促使交易起死回生！坎貝爾很快就發現，公園大道這間最合他的意。他的恐懼從「我不能買這間」，轉變為「萊恩，我幹了什麼好事？我鑄下大錯！能不能幫我把她追回來？」你知道，往上飛的東西到頭來都會落地吧。在銷售界正好相反，往下落的一定會往上飆（例如價格、交易、客戶的情緒）。客戶進入恐懼階段，才會重新看到商品的好處，決心敲定交易。所有恐懼最終都會有正面結果。

- 買家在恐懼階段開始害怕自己的消費，「我會不會無福消受？」「是不是花太多錢了？」「我真的需要這個嗎？」他們不斷質問自己是否該買。
- 顧客處於恐懼階段的徵兆包括：接二連三的憤怒電話、簡訊、半夜發電郵；內容還包括許多驚嘆號、罵髒話、大吼大叫、哭泣流淚——只不過現在是因為氣憤難平。

第四階段：失望

好消息，那間公寓還沒售出！賣家依舊願意談，甚至同意那個單位某些模糊的噪音要求條款。他們正式簽約，但是香檳都沒開，一旦那頭名為「失望」的野獸抬頭，那模樣總是異常醜陋，又叫人氣惱。坎貝爾才簽約，又開始擔心他花太多錢。他怎麼會超出預算一千六百萬美元？他要求銀行先止付頭款。他很失望，「需要想一想。」啊！第四階段最討厭。

- 在失望階段，買家開始感受到金額帶來的壓力，開始覺得喘不過氣、焦慮，拒人於千里之外。
- 顧客處於失望階段的徵兆包括：顧客覺得懊惱、後悔，忘記這間公寓／車子／婚紗等等，才是讓他們感到激動的原因，而且開始不理會你的簡訊、電郵。

第五階段：接受

坎貝爾接受他一開始就知道的事實：這就是他要的公寓，其他地方都比不上。他付了訂金，他需要往前邁進。他的太太作夢都沒想到能買得了這麼棒的公寓，他因此心花怒放，又開始幻想煎餅和雞尾酒。我也提醒他，我們付出多少心血才談到這麼棒的交易。這時他心情平靜、幹勁十足，第五階段挺令人雀躍。

- 進入接受階段之後，消費者又想起產品的各種優點，記起自己如何費盡苦心，就為了得到這件啵棒的東西！恐懼消失，歡喜心又慢慢湧現。
- 顧客處於接受階段的徵兆包括：配偶感到開心，孩子們偶爾會來看你，你會收到感謝函、禮物，整個過程一片祥和、寧靜。

第六階段：歡喜

坎貝爾越想起這間無敵新公寓，越興奮自己即將住進去。他的人生新篇章將在夢想之家展開，他就像等著拆生日禮物的小朋友，每天迫不及待地劃掉日曆上的日子，他引頸盼望。

- 在這個歡喜階段，消費者滿心期盼。那就像學期最後一天、聖誕節早晨，或你媽說「好吧，你可以養狗狗」的那一天。
- 顧客處於歡喜階段的徵兆包括：不斷接到顧客詢問何時能收到產品的電郵，介紹朋友認識你，認為他們都該向你購買。這是你開口請他們介紹的最佳時機。

第七階段：如釋重負

坎貝爾簽約買公寓之後，有人以四千五百萬買了他樓上那間，立刻就比他多付九百萬。市場價格上上下下，坎貝爾很慶幸自己選對時間入場，時機正好。

- 在如釋重負的階段，顧客對這筆生意已經處之泰然。所有難關都已經跨越，情緒高低起伏也無所謂了，他們認定自己從頭到尾都想買呢！想不到吧。
- 顧客處於如釋重負階段的徵兆包括：自吹自擂，誇口說，「我買的時機真是太好了」，「真不敢相信那個人竟然買得比我還貴！蠢到家了！」

塞爾漢的情緒工具箱

我們都知道交易過程往往有重重難關，我絕對會盡力成交，但偶爾也有狀況是我完全使不上力，那就是DOA（到院前已死亡），我也只能放手。多數交易過程都充滿變數，但我創造了可以提供協助的工具箱。裡面放了各式各樣的法寶，可用來克服難關，引導客戶走過整個銷售過程。沒有萬靈丹解決銷售員面臨的形形色色問題，因為每樁交易都不同。但我發現，這些法寶在許多不同狀況下都發揮功效：客戶變得難纏挑剔或人間蒸發時，可能就在氣餒階段。如果客戶喜出望外，你有九成的可能要面對恐懼階段了，因為他們很快就會進入下一階段。如果你發現你得帶領客戶轉換心情，請用下列工具：

「我們都了解。」

有時碰上特別難纏的案例，銷售過程驚心動魄，客戶簡直應該入圍東尼獎，我都會提醒自己要有同理心。我是不動產仲介，卻不表示我不會經歷這些階段。時刻記得我們都有同樣的心路歷程，這種心態絕對派得上用場。人人都有購物經驗，也都有高低起伏的情緒變化。業績開始有起色時，我決定買支好錶，而且每個向我買房子的成功人士都戴著好錶。上司陪我去麥迪遜大道，我就和客戶一樣，體驗了相同的情緒變化！我終於選定閃閃發亮的「百年靈」錶，「哈囉，好錶！」接著我看到價格，「老闆，你有病嗎？為什麼帶我來這裡？這些價格也太扯了。」可是我「超愛。」繼而又想，「慢著，紐約市有許多好錶，我一定要逛遍每一家！」可是我「好喜歡這支！」最後終於買下，卻覺得自己花太多錢，渾身虛脫。我應該再殺低一點，但我戴上錶，看起來帥呆了！幸好我買了！我也可以戴平價的「斯沃琪」錶，但誰會找這種人賣房子？我在短短三十分鐘之內經歷了買賣的七個階段。購物牽涉到感情，當你交涉過程不順利時，請切記這一點，設身處地為顧客著想。與他們多聊聊，傾聽他們的心聲。你可以說：

- 我們都經歷過。
- 我了解你的心路歷程。
- 我知道你很難做決定。
- 這個部分最困難，以後會比較容易。

「我們一起解決。」

我很愛賣連棟屋，但是這些交易都需要小心處理。如果不格外謹慎，就會在房屋檢查員或律師的手下慘死。房屋檢查員的任務就是找出屋子的毛病，世界上沒有毫無問題的連棟屋，多數都是歷史悠久的老房子！如果我知道要進入房屋檢查階段，就會把可能狀況告訴買家。我會拍胸脯保證，就算檢查員說七年之久的壁爐有多殘破不堪，也不需要恐慌。否則買家一聽到「含鉛塗料」，馬上退約。我向客戶保證，我們可以在合約中解決這些問題，不必因為這些事情就撤離紐約，搬到中西部的錯層式（split-level）樓房。

為了維持每個銷售階段順利進行，我盡可能坦率直白，也會先列出各種預想狀況。客戶會知道各種可能結果，我也會保證，我們一定能共同面對挑戰。這有點類似醫病關係，也許你的醫生是天才，但如果你打保齡球時不慎折斷所有腳趾頭，不會因此信任她。你相信的是她的專業知識。你相信她會醫好你，她也保證能勝任，除非你能拄拐杖出院，否則她都會陪你一起努力。交易一旦出現狀況，你和顧客就要有類似醫病關係的情誼。客戶必須知道他們可以向你求助，你也會確實陪伴他們解決問題，你可以說：

- 我們一起解決。
- 結束之前，我都會陪你。
- 我會陪你走完整個流程。
- 如果發生問題，我們會循序漸進，一起解決。

猶豫不決的客戶：推一把、扯回來、蹲馬步

有人寧可留在混沌不明的狀況內，也不肯做決定。下決定往往困難又令人難受，窩在沙發上拚命看影集《黑鏡》還比較輕鬆。如果你是業務員，毫無作為絕對是頭號大敵。業務最擔心的就是猶豫不決，這種心態可能延緩，甚至扼殺一樁交易。為了打敗這個死對頭，我有時會推一把，有時會扯回來，有時會蹲馬步堅持不懈，才能帶客戶進入買賣的下一個階段。

推一把

威脅恫嚇正好嚇跑客戶，不是另外找業務員，就是直接避開你。我們不能命令顧客，但可以推一把。我們可以勸他們別再猶豫不決，「推一把」的力道雖輕卻篤定，可能促使客戶起身，出價購買。方法包括：

- **端上好處**：我當然不希望別人認為我是「折扣仲介萊恩．塞爾漢」，但我若是特意降低抽佣成數，就是為了爭取我要的物件或客戶。仔細想想你能提供什麼優惠，慫恿客戶即刻出手。他們無法拿定主意的西裝是否明天降價？你可以告訴他

們，向經理爭取今天先給折扣價。有時略施小惠，就能讓客戶點頭。一個不行，就試試兩個、三個，或提供免運服務。小小的好處就能創造更多業績，我寧可賺十元，也不希望一塊錢都賺不到。

- **創造急迫性**：我們都知道，越買不到，人們越想擁有。他們看上的皮包是最後一個？分享這則重要資訊就能創造急迫性。你顯然需要知道你能創造的合理因素。如果消費者從一百件毛衣中拉出一件，他當然知道那不是最後一件。那麼就創造另一種急迫性，例如「今晚要出門？你穿這件很帥！就穿這件吧！」

扯回來

顧名思義，「扯回來」就是扯開某件產品，促使他們繼續往前走。只要做得好，就非常有效。要執行「扯回來」，非得展現雍容的氣度，可不能像撕開OK繃。推銷極度昂貴的物件時，我常用到這個策略。有時客戶躊躇不前，我只能說，「這間非常貴，可能超出你的預算，我們再看看比較便宜的房子。」顧客一聽到就會「捫心自問」，那就像按下當掉的 iPhone 的「重置」功能。他們會發現，沒錯，這就是他們要的房子，沒錯，他們負擔得起。

「扯回來」不只適用於昂貴物件，如果你知道某樣產品不合適，也可以運用這個方法。身為銷售人員，這就是你化險為夷的時刻了！「你要買栗鼠當孩子的生日禮物？你考慮過買天竺鼠嗎？這是最適合孩子的第一名寵物，因為牠們友善又好養！」等那位母親發現她選得好，全要歸功於你阻止她買栗鼠，等其他孩子想養響尾蛇時，她就會再回來找你。

蹲馬步

在某些狀況下，「推一把」、「扯回來」都不合適，這時銷售員就需要「蹲馬步」了。你不主動推一把，也不會扯回來，只是提醒他們正在考慮的商品非常適合對方。最近我有個客戶只差十萬美元，就能買下上西區的公寓。他不肯調高價錢，賣家也不肯降價。我知道那個物件價格很合理，少一毛都太便宜，我非常清楚。我堅持不懈，每兩天就用簡訊回報進度。一則是說明我如何努力保留這個房子，第二則是同區銷售證明該物件報價合理。第三則就是我建議他再去看看，他也同意了。我們討論他的問題，顯然他處於恐懼階段。我利用情緒工具箱的法寶鼓勵他，最後他花了九百萬美元[30]買下。

製造驚喜

當你引領顧客走過買賣過程時，製造驚喜可以讓你佔上風。但我要把話說清楚，我說的可不是辦派對，或是打扮成小丑，從樹叢後面跳出來說「驚喜！」否則太可怕了，況且嚇壞顧客可不是好主意。我們團隊製造驚喜，就是納入預期之外的因素，幫助交易更順暢，可能以不同方式呈現資訊或調整期待值。有許多狀況下，銷售員必須宣布壞消息，就我這行而言，就是買家退出交易。這時，我會想盡辦法盡快找到新買家。所以我可能打給客戶說，「壞消息是買家退出，因為他決定去莫斯科參加冰壺比賽。但……好消息是我幫你找到另一組人出價。」好消息立刻蓋過壞消息。對其他業界的銷售員而言，可能是產品不能如期出貨，或下錯訂單。與其直接丟炸彈，不如先花時間想想可以製造什麼驚喜，才能亡羊補牢、維持關係。「非常抱歉，你無法如期收到商品。但我已經降低佣金，運送費也全免。對了，下

30. 作者註，只有在紐約市，九百萬美元的生意可能因為百分之一的價格差距而破局。的確很扯，但請切記，交易到頭來能不能成交無關金額高低，絕對與情緒有關。

次購物還可以打八折。」有時，只要超出期望值也是驚喜。銷售就是服務顧客，請千萬不要忘記！有許多方法可以讓顧客知道，你很看重彼此的關係。拿出決心、毅力、同理心和勤奮表現讓顧客驚喜。我的團隊在這方面就做得可圈可點。

「萊恩，你要打給傑克森・希區考克。他現在處於第三階段（恐懼），你非救他不可！然後你要發電郵給凱希・夢露，她正在第四階段（失望），但是我認為她就快恢復了，很快就會進入第五階段（接受），但你還是得跟她談談。」我的助理喬登就像檢傷分級護士，清楚每個階段的徵兆，知道客戶是否正從第二階段進入恐怖的第三階段。他知道哪個人最絕望，需要我立即悉心照護。對我而言，了解客戶進入哪個情緒階段非常重要。我打電話之前才不會不明就裡，喬登已經先向我簡報，我就知道用哪些工具處理問題。知道傑克森・希區考克進入買賣的恐懼階段，我便知道要說哪些話或做哪些事情安慰他，引領他完成交易，在新家開香檳慶祝。如果凱希・夢露開始失望，我可以告訴她，她樓上那個單位的售價比她那間高三十萬美元。這些小驚喜可以幫助她如釋重負，明白自己談到漂亮的價錢。要是我沒留心客戶的情緒需求，一大堆球會因為悲傷、孤單落下，到時就很難再往上拋。但只要我因應得宜，這些生意都能成交。懂著辨認每樁交易的關鍵階段，就能讓你保住生意。

塞爾漢的做法

了解，繼而區分買賣的七個階段，不僅能讓你更快成交，也能讓你工作更輕鬆。

1. 興奮：哇，我愛死了。我最好趕快準備就緒，因為我的人生要改變了。
2. 氣餒：慢著！我無法控制每個環節；我這股氣餒的情緒要發到誰身上？有了，問題一定就出在賣我這套西裝、車子、冰箱或訂婚戒指的人！
3. 恐懼：如果我看到更好的呢？如果有更划算的呢？這件最適合我嗎？
4. 失望：我買了，我花了好多錢，我就知道我不該買。
5. 接受：管他的，買都買了，人生苦短。
6. 歡喜：一定很棒，我好開心。
7. 如釋重負：真高興這件事情結束了！我絕對沒做錯決定。

塞爾漢的情緒工具箱

同理心：「我們都了解」。設身處地為客戶著想。

再三保證：「我們同心協力。」承諾你會扶持對方走到最後。

三招動作學起來

- 推一把：溫柔提醒。
- 扯回來：友善警示。
- 蹲馬步：持續提醒對方，這是最佳產品。

製造驚喜

- 如何以最好的方式宣告消息？做個正面三明治，負面消息夾在兩片正面消息之間。當然，負面新聞才是主菜，但要讓顧客先咬到多汁的正面消息。
- 認真努力的你可以採取哪些行動，為顧客製造驚喜？

第六章 你需要身兼FKD

記得X君嗎？提醒各位，我在幾章前提到我飛到巴黎找他，結果不是賣出第一間超過百萬美元的房子，就是在浴缸醒來時少一顆腎臟。你應該記得那個故事最後皆大歡喜，**終於**。經過一番驚濤駭浪，中間的來回協商似乎經歷了好幾年，我做成第一筆大生意，而且所有器官都在！我彷彿打了強心針，這筆生意成交之後，我等不及要扮演王牌不動產仲介的新角色。但是沒有人回應我寄出去的廣告、明信片和電話。我在街上認識的新客戶也沒有斬獲，一筆生意都談不下來。怎麼回事？大家不是都知道我不惜飛到巴黎，陪人喝酒喝到半夜，也要簽到合約？**看看我多認真**。但是賣房給X君之後，我好、久、好、久、都、沒、生、意。往後的四個月既可怕又令人沮喪，怎麼會賣不出去？難不成我不如自己想像中的優秀？也許那筆交易不是捧紅我的決定性買賣，只是僥倖、例外。那只是天外飛來一筆的無厘頭買賣，根本就不該發生。多撥一通電話沒得到回覆，我又重新懷疑自我。

當時我有機會出城度假，我和家人去墨西哥。我一看到海灘就心情大好，整天不是游泳，就是做日光浴。如果我的事業完蛋了，我搬去科羅拉多州的農場養牛度過餘生前，至少先享受燦爛豔陽天。但陽光是個奸詐的王八蛋，我每次都低估它的威力。當晚用餐時，我姊看著我說，「呃，你還好嗎？」**天啊，她光看我一眼，就知道我四個月沒賣出一間房子？**

「萊恩，你的臉怎麼了？」蛤？給她這麼一說，我的確覺得臉上有點……嗯……刺癢。上主菜時，我的臉已經冒出水泡，還有凍傷的痛楚感，我嚴重曬傷，只能留在飯店房間看南美洲的肥皂劇，窗簾還得拉得密不透光，臉部厚厚地塗上墨西哥濃度百分之二點五的皮質類固醇。三天後，我決定勇敢出門看電影。我選的是西班牙語配音的《波普先生的企鵝》，幸好我聽不懂金．凱瑞的笑話，否則我絕對無法忍受大笑時扯動臉部的劇痛。這時，我的手機收到電郵。

> 嗨，我是麥西默斯，手邊有張二〇〇九年的明信片。你還是房地產仲介嗎？我在西五十六街的帝國公園大廈[31]六十九樓有間房子要賣，面對中央公園。請回電。

我的天老爺！要不是咧嘴笑會害我皮膚裂開流血，我早就笑得合不攏嘴。帝國公園大廈是個傳說。我聽過裡面的單位如何昂貴又如何富麗堂皇，這是個大好機會，而且來得早不如來得巧。我當然很興奮，但我想起自己的臉。就在幾分鐘前，我又回到我發誓絕對要擺脫的心境，也就是擔心自己無法負擔紐約市房租，只能搬回家。幾個月前，X 君的買賣成交之後，我還記得我有多雀躍。我終於一窺房仲事業有多精采，也想累積更多相同的體驗，無奈沒有任何後續發展。X 君隨機發電郵給我是我走運，這次能得到這個不可思議的機會是因為對方留下我兩年前發的明信片。但是我難道只能等著天上掉下大好機會？照這個速度看來，我一年只可能賣一、兩間房子。這可不行。我為什麼要等人來找我？為什麼不自己創造機會？我舔掉最後一口辣芒果口味的墨西哥棒棒糖，發現自己內心空虛。我記得這種心情，那天搭地鐵時，我也覺得窮困潦倒、孤單又害怕。只是這次稍稍有點不同。也許這種空虛感只是我的身心靈告訴我，我還有心力做更多事情？也許這種空虛感其實是

31. Park Imperial，也稱為蘭登書屋大樓，是住商混用建築，也是蘭登書屋的總部。出版社入口在百老匯大街，公寓入口則在五十六街。其實這層大樓只有五十二樓，作者可能是為了保護客戶隱私。

渴求，我渴求談定更多的交易，擁有更成功的事業。我下定決心，一旦戴上超大闊邊帽保護長滿水泡的紅臉，走出這家墨西哥電影院，我這輩子再也不要等幸運之神眷顧我。我需要修正我身為房仲的工作方法，以後X君或等了兩年才聯絡的麥西默斯只能算額外的好處。我要掌握命運，向前邁進，所以我要盡可能拋越多球越好。每顆球代表一樁買賣、一個可能性，也是擴張業務的機會。我只要用全新的方式架構每天的行程，我準備出人頭地，因此要想辦法接觸到所有機會，還要井然有序，才能一次處理最多事項。接下來的日子一定很有意思。

浪費時間VS管理時間：如何成功管理工作量

有無數的書籍和工作坊教導我們成為成功的銷售員，令我氣餒的是，這些書只討論到業務該如何利用時間提高銷售成績和生產力。許多建議包括「開心點！拿出熱情，你這輩子就再也不用工作！」等陳腔濫調。這種建議有什麼幫助？對我們銷售員而言，時間是唯一的資產。一天的時間和客戶都是定量，我們該如何最有效的利用工時，成就最大業績呢？

因為我家非常注重規矩，有各種家規、紀律要遵守，所以我在時間管理方面有絕大優勢。我發現，多數說自己很忙的人才不忙。他們只是壓力大、一下子不知所措，沒好好運用時間，才會說「我很忙」。根本是裝模作樣。人們不忙，只是不會利用時間。除非你是心臟科醫生，正在幫某人的祖父重新連接右心室的血管，否則你沒那麼忙，有時間接一通電話或回覆一通簡訊（心臟科醫生恐怕就辦不到）。不妥當管理時間，一定會害到你自己。倘若不留意，你的時間管理不當還會影響到其他人。因為你不做好自己的工作，只會拖累別人。這是什麼呢？這就是你**浪費時間**。時間是個賤貨，它的動作異常迅速。如果你是銷售員，也曾經想過，「天啊，我有好多事情要做，該怎麼辦？我該何時做？哇塞，今天已經過去，而我又該上床了！」那麼你就要仔細看了，因為這一章會幫助你奪回自己的時間。我保證，一天可以做完的事情遠比你想像中更多。

萊恩的一天

多數人還沒倒第一杯咖啡，我可能已經在清晨完成許多事情。其實我的一天從前一晚就在我腦中開始，通常如下所示：

晚上十一點：電郵已經清空，行事曆都安排好。慢著，又來了一封，趕快回覆！看看買賣進度。親吻睡著的老婆。幫手機充電。閉上眼睛，就位，預備，睡……

清晨四點半：我剛剛有睡嗎？喔，有。起床。尿尿。檢查脈搏。我還活著！

四點三十三分：讀《每日郵報》、《紐約郵報》等重要新聞。

五點零四分：做燕麥粥。喝水。

五點零五分：等微波爐加熱。

五點零六分：天啊，還好早。

五點零八分：開始吃燕麥粥。

五點十五分：檢查電郵，回覆半夜傳來的信，客戶才會知道我比他們早起，已經準備好**大顯身手**。

五點三十分：上健身房。

早上六點整：在健身房自拍，上傳ＩＧ。

早上七點整：淋浴、刮毛（刮鬍子或腿毛）。

七點二十九分：跟艾蜜莉亞吻別。手來腳去騷擾她一下，再趕快衝出家門。
七點三十分：上車見到尤利。就位，預備，**出發**！前往辦公室或第一個約。
早上八點：進公司，開始「開發時間」。

塞爾漢心法第十三則

一天一定要從前一晚開始。
醒來就要知道這天該做什麼，知道你會面臨哪些挑戰。

深信早起可以改善效率、增加營收的人，我絕對不是第一個。提姆．庫克不可能早上十一點才起床，中午才進「蘋果」。越早起床，你能征服世界的時間越多。這可不是新聞。但是我勉強自己在日出前起床、滾去健身房還有另一個原因。這表示一天最辛苦的任務在早上六點半之前已經完成。就體力而言，我忍受一百三十六公斤硬舉，搭配三米滑雪機的超強度訓練，儘管我的腦子告訴我沒辦法再做波比跳[32]，我還是辦到了！我雖然不可能知道當天會碰到哪些挑戰，但如果我能做五百下的仰臥起坐，絕對可以應付驚慌失措的客戶，或電話彼端尖叫的賣家，因為他們認為廚房採用「星際大戰風格」導致房子賣不掉，全該怪我。

什麼是你非做不可又最困難的事情？放下書，趕快去做。

人性都希望輕輕鬆鬆地展開一天，睡飽了才起床，先喝咖啡，聽播客，選衣服，或進星巴克點杯香草拿鐵，再決定該如何面對這一天。人們往往是進公司之後才發現，**噢，我非得進行某番頭痛的對話**，或是**我得打給小芭**，**說明商品狀況**。可是你要開會，之後又有另一場會議，接著你決定先回覆所有電郵。打給小芭就像重播的歌單，雖然不斷在你腦海反覆出現，你卻決定置之不理。你越來越忙，喔喔，你沒撥那通電話。這下你雖然下班回到家，卻無法放鬆，還是壓力山大又焦慮。你整晚輾轉難眠，醒來時心情惡劣，還是不敢打電話。

對我而言，這個狀況就會如下展開：前一晚就先想到隔天會有哪些任務。明白，**喔，我要打給小芭**，**這件事情不好處理！明天一早先做**。**我八點半要開會**，**所以要提早十五分鐘去辦**。端著拿鐵進公司，硬著頭皮撥那通電話，發現狀況不如你想像可怕，接下來整天就不會聽到「打給小芭」的惱人重播。到時就能無憂無慮地下班回家，盡情放鬆休息。不處理複雜的狀況只會延長焦慮感，還會導致關係惡化，問題更難以處理。立刻面對也能增加驚喜，透露「我並不逃避這個挑戰，而且情況完全在我掌握中！」接到電話的人也會喜出望外，你迅速做出回應，可能還把對方會殺個措手不及，因為**沒有**人這麼做過。

我的行事曆每半小時就有新的預約和電話，我滿手都是球。有些球是你所能預料的。有人請我賣房，我和他們隨時保持聯繫，報告看屋狀況、是否有人出價。我還要帶買家看房子，我得幫他們找合適的物件。我要和建商開會，推銷我們的團隊，才能拓展生意。我的公司有六十個仲介，他們必須隨時找得到我。其他要處理的球可能出乎意料，例如我要和十五隻狗狗坐在床上拍照，宣傳某間房子適合愛狗人士。或是在布魯克林騎環保電單車，宣傳某間房子。又或者是和櫥櫃業者到賓州砍樹，拍某一集的《金牌銷售員》。如果你覺得這種行程太瘋狂，你沒誤會。我們都聽過「亂中有序」，我有另一番見解：亂中有生意。

32. Burpee，起初是美國軍事機構因應二次世界大戰，在招募新兵時採用，作為體能的量測依據。是高強度間歇運動，包括深蹲、伏地挺身、跳躍。

塞爾漢心法第十四則

不要害怕逼自己接受更多挑戰。

如果你是製造混亂的人，你就能理出秩序。

我知道今天做的每件事情都會影響到明天，所以地基要蓋得大一點，我才能賣得更多、拉攏更多新客戶、敲定更多筆生意。除非我累得很開心，否則我上床時不會覺得高興。你我都有二十四小時，我專心致志工作，發現成功的關鍵就是把一天分成三種截然不同的類別。

開發者、記帳員、執行者方法

即便這筆生意牽涉到莫大金額，我也沒興趣只做這一樁。如果你認為你只要靠一單生意就能收山，這本書可能不適合你。一筆生意只是一個任務，**銷售**是終生事業。如果你想成為超級成功的銷售員，就得隨時拋接許多球。擁有許多潛在生意表示你有許多球，球越多、生意越好、越成功。

我從墨西哥回國，曬傷也痊癒之後，明白自己要拓展業務得做得更多。我要另外做哪些事情才能出人頭地？尤其我只是一人工作室？我知道自己得戴三頂不同的帽子，才能拓展業務。我不能戴上「老闆」的棒球帽，就以為業務可以神奇飆漲。身為老闆或總裁還不夠，事業成功還需要財務規畫、努力工作。這時我就把工作分為三類：開發者（Finder）、記帳員（Keeper）、執行者（Doer）。身為銷售人員，這個頓悟是我事業的分水嶺。當年愛迪生終於讓該死的燈泡發亮時，是不是就是這種心情呢？也許吧。

開發者

當你戴上「開發者」帽子（謹記，這只是比喻），就是努力開創客源。你要推銷說明，盡量發揮影響力，決定用哪些方法讓業務蒸蒸日上。「開發者」以全面的角度看待公司業務，而且必須拓展公司人脈。

記帳員

當你化身為「記帳員」，焦點就要放在公司的財務概況。「記帳員」負責經濟預測、繳稅、規畫如何有效地完成任務、做預算，以及決定公司要花多少錢做廣告、行銷等等。當你要為自己、為團隊或部門設定目標時，就要戴上「記帳員」的帽子。「記帳員」知道這些目標必須實際，也要清楚達到目標要有哪些前置作業。「記帳員」也要規畫時間，因為時間就是銷售人員的資產。例如你要花多少時間對新客戶推銷？又要花多少時間推銷滯銷的產品？

執行者

「執行者」謹慎執行「開發者」帶來的業務，遵守「記帳員」精心規劃、制定的預算，「執行者」帶領團隊成功達陣。就我的公司而言，「執行者」約好時間、帶客戶看屋、負責公開銷售、處理申請書和契約。你要成功，就得每天實踐「執行者」的工作。

從墨西哥回美國時，我用飛機上的嘔吐袋背面寫下這個「開發者、記帳員、執行者」的方法，寫完之後終於覺得腦袋清醒多了。當時我還不太清楚如何執行，但我覺得創業以來，這回總算踏出重要的一步。我醒來時不再覺得迷茫，已經知道一天要如何劃分成三種不同方向。上班時，我很興奮自己要先扮演「開發者」，也就是積極拓展業務。我必須採取行動，開拓人脈、找到新建商，因為「開發者」擅長拓展生意，毫無例外。如果「開發者」辦不到，「記帳員」就沒有方案可以管理，也沒有可花用的預算，「執行者」也沒有任何實際工作可**做**了，「開發者」是一切的源頭。當時我多數案子都還是出租房屋，我決定和房東打好關係。我主動打給他們，說自己絕對能幫他們出租公寓。既然擔起「開發者」的責任，我也主動打給自售房屋的業主，雖然過程令人膽戰心驚，就像當年邀莉茲．荷西去畢業舞會一樣。

我化身「開發者」的第一週就成功約到一對夫妻，他們打算銷售東六十街四〇一號的物業。那間房子一定是瑪丹娜的室內設計師的大作，所有家具都是藍綠色。當他們問我賣過哪些房子，我只能老實回答自己毫無經驗。但我成功說服他們讓我帶人看房，我們協商，如果買家是在我在場時購屋，他們就付我佣金，否則不必支付任何費用。如果你以為我第一週就賣掉這間藍綠色公寓，那你就錯了。後來他們找了有二十年經驗的仲介，沒關係，我依舊覺得自己做得可圈可點。我扮演「開發者」拓展業務，而且精心策畫，做得有條有理，在我而言都是前所未見。我預算極少，卻也仔細計算自己該在這件藍綠公寓花多少時間、經費。化身「記帳員」之後，我決定撥兩百美元的預算做廣告、搭計程車，每週花十小時帶人看公寓，這些工作才能幫助我賺進佣金。

想出「開發者、記帳員、執行者」方法之前，我只有「執行者」模式，偶爾切換成「開發者」模式，而且從未用「記帳員」的心態思考。根據你的事業發展狀況，這三種工作階段也會有所改變。如果你還在打拚期，可能一整天都是「執行者」模式，就像我當年一樣。那也無所謂！但你還是得找時間做「開發者」和「記帳員」的工作，也許是比同事早一小時上班、利用午休時間，或是哄孩子上床之後再加班。何時做不重要，重點是要找時間扮演「開發者」，拓展人脈，帶領你的事業向前邁進。如果你想賣得比任何人更多，還要切換成「記帳員」，因應財務狀況做決策。隨著業務量增加，你在「開發者」、「記帳員」、「執行者」之間的時間會有所增減。這就是身兼ＦＫＤ的模樣：

開發者、記帳員、執行者：ＦＫＤ

開發者：拓展客戶源

記帳員：制定策略

執行者：執行計畫

開發者的工作

你要盡你所能的找人脈，可能是與路人攀談、主動打電話聯絡，也可能是上三家健身房。發誓每天都要認識潛在客戶，為自己訂下數字，要到對方的聯絡資訊！

開始建立人際網路之後，就運用現有的關係認識新客戶。讓客戶知道你會感激他們的介紹，以前客戶介紹來的人**最好**。利用過去的成功，開發新業務。例如我的團隊完銷整棟大樓，我們就能利用這個成功經驗，拿下更多大樓。

記帳員的工作

你有多少預算不是重點，如果希望業務成長，一定要立刻在財務方面做計畫。你要花多少錢行銷？你的目標是什麼？如何達成這些目標？起初我的預算非常少，我每收到一張支票，都留一半繳稅（從無例外），四成支付租金、食物，剩下的一成再投入公司。我用這一成的經費發明信片，也許還多登一則廣告。看看哪個方法奏效，總之一定要把錢投資到生意上。隨著業務量蒸蒸日上，你可以規畫運用預算的其他方法。要不要買禮物送客戶？請他們吃飯？隨著生意越做越大，你得根據終極目標，運用更大筆的經費。如今我得幫整個公司抓預算，要決定的事情包括廣告經費、印製文宣資料、預售擺飾、員工旅遊與蒐集潛在客戶資料。

如何訂定可以達成的目標

設定目標才能成功，這也是「記帳員」工作的重要一環。達到目標呢？那更棒了！但我發現，多數業務員訂定目標時，並不以成功為目標。我喜歡遠大的夢想！前提是要有實際的計畫，幫助你達成目標。數不清有多少次，我和新同事開會討論目標，都會聽到他們興奮地說，「我今年要賺一百萬美元！」我的回覆就是：「太好了！要怎麼辦到呢？」接著我們便開始做數學運算，看看他們得賣幾間房子，而且要賣多少錢才能達到那個目標。他們的興奮之情瞬間消褪，那可不是設定目標的意義。目標應該激發你的鬥志！當你訂定目標時，例如一年賺十萬美元，就要精算自己得賣多少，才能達到那個數字。坦誠面對現實，那個數字合理嗎？否則就往下調降，先達到目標，下一年再設定更遠大的願景。

執行者的工作

執行者的工作五花八門，包羅萬象。開燈、發電郵、回電、拆郵件、登廣告、舔郵票、將明信片投進信箱，總之就是促使買賣成交的所有任務。我什麼都做過，從訂購展示房子要用到的大量扭扭糖、粉刷公寓、擺設佈置、丈量空間確定可以放某張沙發，或幫賣家丟他忘記的垃圾。對你而言可能是文書、契約，總之就是成交需要的各種瑣碎工作。如果你的事業剛起步，多半就是忙著做「執行者」的工作，那也無妨！業務擴張之後，你會花更多時間做「開發者」和「記帳員」的工作，然而你還是得分擔一點「執行者」的任務。最後，你可能會有能幹的團隊擔任「執行者」。現在我已經不必自己訂扭扭糖（偶爾還是要我自己出馬），我就可以花時間想行銷方案、協商、與建商保持關係、管理團隊和行政人員，以及寫本書。

銷售天王：FKD

剛入行的業務員：FKD

讓我幫你一把，免得你精神錯亂

有很長一段時間，我身兼三職。比起我剛入行時，如今我較常切換到「開發者」模式。我每天當然也要擔任「記帳員」和「執行者」，但是時間少多了。我的「執行者」工作，已經從纏著房東要東村老公寓的五樓鑰匙，轉為和建商、建築師開會，討論在二十萬平方呎（五六二〇坪）上要蓋哪種大樓。該規劃幾個一房、兩房或三房單位？即使你的事業已經進入三個角色都該踩足油門的階段，也不表示有些工作不能假手他人，畢竟人類無法同時出現在兩個地方（我多希望可以啊）。當我還在介紹租屋時，常常同時約了好幾組客戶。如果我有複製人，就能同時帶三組房客，可能讓收入三倍跳！可惜我主修戲劇，完全不懂體細胞核轉置技術，只好請同事幫忙。與其因為忙不過來而失去客戶，我請其他仲介幫忙，再分對方一半的佣金。我很早就發現，寧可只拿一半，也不要失去全部。不要害怕外包或請人分擔工作量，你無法凡事親力親為。你是零售業的銷售人員嗎？找同事分擔整個樓面的業務，也與對方共享顧客。這在足球界稱為區域防守（每個球員負責防守特定區域，而不是某個球員），而且非常有效。

塞爾漢心法第十五則

與其任由球落地，抓到一半也好。

另外一個借力使力的方法就是建立自己的小團隊。我拍《金牌銷售員》第一集時輔導過馬克，他是紐約市的高爾夫球具業務。他的同事每天業績都超過配額，而馬克的挑戰就是得和同事搶奪顧客。如果馬克找同事搭檔，就能結合彼此的優點，不但能殺出血路，還能賺更多錢。

推銷是世上最棒的工作，也異常困難。銷售的工作就像搭乘雲霄飛車。日復一日，還是蒙著眼。你根本不知道何時會碰到急轉彎或陡降坡。我知道業務相關事項有多瘋狂，令人難以招架，很容易就覺得茫然、沒有安全感，而且沒有任何解藥。我在徹底絕望的狀況下磨練出 FKD 方法，否則我會精神錯亂，只有建立常規、架構條理才能解決。

早期我像你們多數人一樣，都沒有頂頭上司。沒有人教我該做什麼，何時去做。為自己建立工作制度，我才不會半途而廢，另外找個無聊工作。自從我開始用

ＦＫＤ，再也不覺得壓力山大，或想一頭跳樓撞死。我也不希望你有這種心情，否則風險太大，你可能會發瘋、丟掉工作。我希望你醒來的時候能準備就緒，自信地面對這一天，覺得你只要做一件事：就是身兼ＦＫＤ。

終極銷售天王的行程表

終歸到底，你如何安排一天的行程，何時選擇進行開創者、記帳員與執行人的工作時間，都掌控在你的手中，我不是你的老闆。但是如果你和我有共通之處，可能希望有人告訴你該做什麼、何時去做，才能提高業績。以下是我建議的行程：

凌晨四點三十分：起床。檢查電郵、回覆。客戶一醒來，就會看到你有多認真[33]。

凌晨四點四十五分：吃頓健康早餐。我喜歡燕麥粥，但你愛嗎？

凌晨五點十五分：運動。有健康才能好好工作！

早上六點三十分：看報紙，找產業相關新聞。

早上六點四十五分：淋浴、更衣，打扮體面。

七點三十分：和配偶、孩子互動，「午餐帶了嗎？作業呢？再見！」

八點：抵達公司，著手處理最困難的任務。

八點三十分：開始做「開創者」的工作。你今天要用什麼方法拓展人脈？

九點三十分：檢查當天行程，你有多少時間可以進行開創者、記帳員、執行者和跟進後續的工作？

九點四十五分：團隊開會：和隊員討論合作的可能性，借力使力。

十點三十分：跟進後續：打給正在商談中的客戶或潛力極大的客戶。

十一點三十分：回頭關注：發個電郵給你失去的客戶，問候對方，告知你又多了哪些新產品。

十一點四十五分：切換到「記帳員」模式：判斷下一個工作計畫需要花多少錢做行銷。

十二點三十分：與潛在客戶共進午餐。

33. 作者註：你應該已經發現，我非常推崇早起。如果你沒辦法這麼早起，請依照起床時間調整行程。但是說真的，要不要考慮早點起床？

下午一點四十五分：貫徹承諾：幫中午的客戶找到對方有興趣的資訊。
下午兩點：進行「執行者」工作：賣賣賣。
下午五點：回頭找你剛剛在「星巴克」認識的人，立刻傳電郵給他。
五點十五分：進行「執行者」工作：為廣告文宣資料腦力激盪。
六點十五分：真正的人生：哈囉，家人好，狗狗好、女友好，孩子好。你們今天過得如何？
晚上十一點：迅速檢查電郵，回覆信件，讓對方知道你眼看四面，耳聽八方！

塞爾漢的做法

我在本章提供了本人成功的獨家秘方，如果你希望業務蒸蒸日上，無論公司狀況如何，一定要每天安排FKD的工作。「滿手球」理論是大量銷售的關鍵。許多人問我如何管理時間，我倒是等不及聽聽你們身兼FKD之後，銷售量如何飆增。

身兼FKD

「開發者」是決定事業方向的執行長。

「記帳員」是規劃財務狀況的財務長

「執行者」就像士兵，必須謹慎執行工作，事業才能創下捷報。

鍛鍊銷售技巧

你可能已經發現，我常說「就位，預備，**跑！**」。我小時候，爸爸常說這句話激勵我們兄弟，後來我就牢記在心。現在一說「就位，預備，**跑！**」，就像發送特別訊號到腦子，不只是字面的意思，還有這句話深層的意義。「就位，預備，**跑！**」就是我動手開始的儀式。

我講這三個簡單的詞，就是命令自己專心一志、主動出擊、發揮實力、努力工作，**稱霸天下**。我不迷信，不認為忘記說這句話，整個事業版圖就會分崩離析；但老實說，我會覺得不太對勁。這幾個字能讓我屏氣凝神，所以我才會刻意用這句簡單的話展開每一天。你也可以創造自己的特別習慣，納入早晨行程，讓你一早就神清氣爽：

設計你自己的啟動儀式

- 有沒有哪句話或哪個詞對你格外有意義？
- 有沒有你格外努力想達到的目標？啟動儀式要如何幫助你實現目標？
- 只要你覺得好都行，這是你的儀式，重點是能啟發你。
- 認真思考如何將這個慣例加入早晨的行程。有沒有發現有哪些不同？如果有，請告訴我！請傳電郵到 ryan@ryanserhant.com。

第七章
工作的四大理念

二〇一二年十月二十九日，颶風珊迪吹襲美國東海岸。紐約和紐澤西有許多人流離失所、失去車子，很多人甚至因此喪命。當時發生嚴重水災，政府必須強制驅離人民，多數機關店家都關門休業。少了電力和自來水，曼哈頓可不是安居樂業的好地方，就像一個不夜城突然失去意識，氣氛**分外詭譎**。我很幸運，安全無恙。珊迪帶來的最大問題只是停電好幾天，每天得爬十四層樓的樓梯，因為電梯無法運作；而且如果要打電話，大概要走到二十條街外，手機才有訊號。

相較於多數人，我的問題微不足道，但爸媽依舊很擔心。電力恢復，生活也回到正常軌道之後，他們來看我。即使在颶風期間，我也拚命工作，過勞終於影響到我。我們坐在客廳，我正和我爸抱怨早上五點醒來有多累，朋友多數睡到七點，又提到當銷售人員有多辛苦——沒有薪水、無法有定期的收入、沒有紅利，幾乎沒有任何保證。也許我應該再回學校拿個工商管理碩士，我怎麼不去念呢？我也想再享有週末時光等等。我不知道自己抱怨連連到底有何目的，也許希望爸媽知道我工作多認真，也可能希望討拍，或聽到他們的鼓勵。結果事實**並不**如我所願。

爸爸打斷我，說，「別說了，難道你以為我每天都想早起上班嗎？才怪，我**想**賴床，我**想**出去鬼混，但那不是工作。」不、可、思、議！從我有記憶以來，父親每天早上五點五十分準時起床，而且完全不靠鬧鐘，彷彿生理時鐘就知道該起床了（活像吸血鬼）。大清早起床似乎是他天生的反應，爸爸不會打馬虎眼，因為他不肯用鬧鐘，也沒辦法按貪睡按鈕。他沖澡、刮鬍子、抓片吐司，就出門了。沒錯，我以為那**就是**他想做的事情，我以為他就是愛加班。父親是我見過最自律的人，只要與工作相關，他完全採軍事化管理。他多年來摸黑早起，一次都沒抱怨？一次都沒有喔。我永遠不會忘記那一刻，頓時恍然大悟。那就像我和超人去小酌，聽到他老實說，「萊恩，你聽我說。在天上飛其實讓我頭很暈，隨時趕去救人也很累。就拿上禮拜來說吧，有個孩子被壓在卡車下，我得把車子抬起來才能救他。車子非常重，我現在肩膀**痛死了**。對了，你有止痛藥嗎？不過這就是我的工作！」爸爸這番話強調我們所做的每件事都有選擇，是我選擇早起、努力工作。所以我是抱怨**我自己**決定要做的事情，如果**我**沒有意識地決定付出努力，就會有不同的選擇。我會什麼都賣不掉，再次變回窮光蛋。更重要的是，我為什麼決定早起、週末也不休息呢？因為歸根究柢來說，我想成功啊。

為事業打拚，而不是為五斗米折腰

我從小住的地方都是樹林環繞，即使鄰居是外星人，我們也不知道，因為我們根本看不到他們。因為有大片樹林，草地上常有落枝需要撿。從小開始，我和弟弟就努力撿樹枝賺錢。等到再大一點，就改為拔雜草、修剪草皮。高中時，我暑期就去麻州北安多佛的特斯泰建築裝修公司打工當計時雜工，工作包括拆卸，也就是頂著烈日，扛超重的廢料去丟。很多人選夏天翻修屋頂，我可能扛著三十六公斤的木瓦爬梯子，因為負重過大，導致肩膀脫皮。那是累人的體力活兒，我記得那些夏天賺得的每塊錢。我上大學時，爸媽搬到科羅拉多州，所以暑假就去牧場打工。當年扛波士頓郊區的木瓦和廢料，這時變成要應付兩千四百畝（約三千坪）山區瘋狂種馬和牛糞。雖然付出勞力相當辛苦，但能享受遼闊的天空和壯觀的美景。我開車駛過整條鱒魚溪放魚，釣客才不會空手而回。我趕馬、趕牛，開除草機除草。每天下午則是油漆牧場上十二哩長的圍欄。那幾年暑假，我光油漆圍籬的工時就超過一千小時。

現在看來，我小時候有機會做這些零工，算是很幸運。那些差事很辛苦，我也不愛做，但我的目的不是為了溫飽或養家活口。我只是學生，非常幸運，所以應有盡有，自己賺的錢不必拿出來貼補家用。我今天之所以有深厚的敬業態度，都要歸功於那些暑期兼差。我們坐在我紐約市的客廳，父親又為我詮釋工作的另一個意義。我突然發現，以前我是為五斗米折腰。我賺錢是為了上大學之後有多一點錢可以零花，或是當畢業後搬到紐約的基金。現在我工作是為**事業**打拚，重點不只是薪水多少，我還有更遠大的目標。我的事業佔人生極大比重，既然多數人都得賺錢維生，這份工作帶給我們溫飽之餘，不也應該讓我們的生活更充實，啟發我們付出更大貢獻？

父親認為我抱怨沒有工商管理學位毫無意義，畢竟我從事的是銷售業。我們這行就是「串聯人」的行業，這是我可以精通的技巧，上哪所學校、出身背景都無關。我不必創造產品，只需要把它賣掉。我知道自己不只是房地產仲介，我也串聯人類的需求和慾望。我原先對我這份工作的看法完全錯誤，我抱怨工作有多累——工時太長、挫折感太多、不確定的因素龐雜不堪——因為我著重在工作本身，想得不夠遠。當時我的確已經賣出比較多房子，因為我希望出人頭地、賺更多錢，但是我沒看透工作的目的，所以才會壓力山大，覺得喘不過氣。我因此開始思考，自己為何想做這行？哪些因素驅使我繼續做？我人生的終極目標是什麼？這都是大問題，花時間挖掘內心深處、分析答案，也許是你送給自己和你的事業的最佳禮物。我知道「工作內容」，就是我身上的「開發者」、「記帳員」、「執行者」每天所做的事情。我知道我「為何」而做。我知道當年要逃離哪些「絕境」。最後，我知道自己會拿到什麼「成就」！我知道自己走到人生盡頭時，希望能有什麼成績。這四大理念為我的成功開創出嶄新又意外的新道路。當年秋天，爸媽來看我，我本來以為只是敘舊，聊聊我在沒有手機可用時，如何摸黑孤單過活。

四個W

我現在就幫你一個忙，告訴你改善銷售量最重要的條件。隨便你要不要聽這本書的建議，如果有意願，請務必找出你的四大理念[34]。你不只可以賣更多，更成功，人生還會更有意義。你曾經醒來時焦慮緊張，覺得悵然若失嗎？回家覺得筋疲力盡，卻又說不出確切原因？只要界定四大理念，醒來就比較輕鬆，腳步更加輕快。整天、整週、整個月、整年，都會有清楚的目的。你不會懷疑自己為何做這些事情，每天為何這麼拚命。真希望我早點想到這件事！回想起我努力尋找理念的當年，我將在後文中引領你走過同樣的過程。請記住，我可以提供協助，我們可以一起解決問題。真的，請寄信到 ryan@ryanserhant.com。

第一個理念：「原因」（Why）

你為什麼做這些事？

為了賣房地產，我每天起床之後努力工作、與那麼多人碰面、多數日子都只能在車上打發午餐，知道我為什麼這麼做，是我成功的關鍵。為什麼？我為何當銷售員？明明我還能選擇其他工作。我可以當律師（但我的法學院入學考一敗塗地，

34. 作者註：我熱衷傳播四大理念。如果你想改變事業現況，今天就提高業務量，手刀快做。

所以恐怕沒辦法），可以當銀行家，但我**偏偏選擇當銷售員**。我相信，我之所以選擇這條路，是因為這份工作沒有極限。擁有無盡機會的專業領域，不就最適合天生好強的人？我可以創造自己的命運，想賣什麼就賣什麼，想賣多少就賣多少。科羅拉多的圍籬總有漆完的一天，銷售的事業卻沒有盡頭。

你的「原因」夠遠大，可以支持你對抗逆境嗎？有時簡單的事情會變得很複雜，令我心情低落。例如某個客戶不明白他們的房子之所以賣不掉，是因為他們開價太高。或是我明知道自己最適合賣某間房子，業主卻找上其他仲介。這時候我就很想請艾蜜莉亞整理行囊，直接開過喬治・華盛頓大橋，離開紐約，永不回頭。永遠不見，笨蛋豬頭！塞爾漢**閃人**了。但是我的「原因」和愛護我的妻子不斷推我向前走，為我加油打氣，鼓勵我重新上路。無論發生任何事情（交易不成功、客戶發飆、心力交瘁等），我才有力量面對挑戰，繼續工作。我知道苦難終究會結束（只是每次都有得等），我會賣更多，敲定更多生意，一切終將撥雲見日。我可以無休止境地更上一層樓！要找到原因，請問自己……

我為什麼呼吸？不要笑，先問簡單的問題。因為呼吸才活得下去，還需要食物和水。活著很美好。從顯而易見的答案去延伸，大家都知道人需要賺錢才能活。你為什麼當銷售員？工作充滿荊棘時，什麼理由讓你熬下去？什麼想法促使你在所不惜也要繼續這份事業？

萊恩的原因：我天生好勝，房仲業有無窮無盡的可能性，永遠沒有盡頭。碰到挑戰時，就是這種想法促使我繼續做下去。

你的原因：寫下你無論如何也不肯放棄的理由。

第二個理念：「工作核心」（Work）

為了拓展事業版圖，你每天要做什麼？

我很早就知道賣房子不只是開門、開開關、指指臥室位置。沒錯，技術上而言，必須做「執行者」工作才能賣房子，但我的事業能成功，靠的不是那種工作。父親說得對，我做的是「串聯人與人」的工作。我的「工作核心」是幫客戶找到他們要的產品，也就是他們的夢想家園，一個他們住得舒服，可以在裡面製造回憶的地方。為了做到這一點，我必須仔細傾聽，發揮同理心。為了成交更多生意，我必須保持並耕耘人際關係。你的「工作核心」必須讓你的事業更上一層樓，這些事情比勞力活或一天當中的瑣碎雜務更重要。要找到真正的工作核心，請問你自己……

我真正賣的是什麼？你賣的不只是婚紗，而是夢想和某人生活的新章節！你該怎麼做？如果你是書商，其實賣的不只是書，而是一種解脫，讀者有機會遁入另一個時空。市面上有那麼多書，你要如何幫讀者找到最合適的書？那種「工作核心」是什麼模樣？要從哪裡做起？不要因為恐懼而裹足不前，拆解你該做的事情，成為頂尖業務員。現在——就是這一秒——你該做什麼，才能讓事業提升到新高度？

萊恩的工作核心：每天的目的就是讓我欣欣向榮的事業更壯大，我必須不斷找新方案、擬定推銷自己的新策略，才能讓網子撒得更遠更廣。

你的工作核心：要讓你的事業更茁壯、更精良，有哪些事情是你可以立刻著手去做的？

第三個理念：你的「絕境」（Wall）

你要逃避什麼？

我的前同事班・甘迺迪（班，無論你在哪裡，我都謝謝你！）教導我認識我的「絕境」，這對我而言彌足珍貴。雖然我不知道班的動力是什麼，也許像我一樣，不願意回小鎮過平凡生活，也許還有其他原因。當時我被逼到牆角，就是我在地鐵上忍住淚水那天，我只是去雜貨店買杯優格，信用卡都刷不過。我永遠不想再落到那個境地，這種恐懼鞭策我更努力，更要遠離這種「絕境」。我的第一個「絕境」很明顯，就是買不起生活用品。那種感覺很可怕！我很自豪現在可以說當了房仲這麼多年，現在的「絕境」不再與財務有關。

我依舊謹慎理財（而且永遠不會改變），但我現在知道，無論買了什麼，我都能努力工作，確定自己有辦法支付。如今我的「絕境」更重要，那就是全力以赴。我想到沒盡全力，就無、法、忍、受。光是這個念頭都讓我覺得反胃！我希望每天醒來之後，都能做得比昨天更多。我要澄清，這不只局限於賺錢。也許是寫點東西幫助另一個銷售員，或是上傳某一則影像部落格激勵某人成為銷售員……那就**太棒了**。如果我明天被計程車撞死（那可太糟糕了），我希望知道自己已經發揮十足十的潛能。我最大的恐懼，也就是我現在的「絕境」，就是沒盡力，那是一大浪費。你呢？請問你自己……

你絕對不想再回到自己人生哪個時間點？無論只是短暫的一刻（卻讓你無地自容），就像我在雜貨店那時，或是漫長的艱困時期——例如徹底破產，必須窩在朋友家的沙發上；或你每天都擔心家人三餐不繼——現在都拿出來仔細咀嚼。這個過程令人情緒高張！回想黑暗的過去並不有趣，但請相信我，回顧那段時光，重新感受當年的心情，對銷售員而言是莫大的情緒利器。告訴我，那一刻是什麼模樣？請仔細描述，你看到什麼？有何感受？害怕嗎？覺得難受、尷尬、嚇壞了，或徹底受辱？也許上述情緒兼而有之？我知道回想那段時光很痛苦，如果可以，請化悲憤為力量，鞭策自己開創更美好的未來。每次腦中有個聲音說，「好辛苦，我這週表現得不好，」請立刻停止。不要把自己困在挫折中，只要提醒自己這一刻，你現在不是面對那個「絕境」，就會覺得心情好多了。你已經遠離失意，這個想法能讓你打起精神走下去。

萊恩的絕境：就是多年前在紐約市某家雜貨店刷不了信用卡，如今沒全力發揮才教我害怕。

你的絕境：你需要遠離哪種時刻、日子或精神狀況？我希望聽到沉重的答案。也許上一份工作讓你每天上床都痛哭流涕，那是你要逃離的狀況嗎？是戀情失敗，單身的你至今都不肯回顧那段感情？請鉅細靡遺地回想所有細節，並寫下你要如何盡可能地遠離那一刻。

第四個理念：「成就」（Win）

你做這份工作是為了什麼？

我希望能在世間發揮莫大影響力。我不只想賣房子、賺大錢（雖然這些事情的確令我很開心），而是我在後人心中留下的印象。回到那部計程車，就是我希望明天不會輾過我的那部，即使悲劇真的發生了，萊恩・塞爾漢的人生在百老匯和休士頓街口驟然停止，大家可能會記得我是那個上實境節目賣紐約豪宅的男子。那還算**好**——能上節目已經非常幸運！但我希望能留下更大的影響。我多希望後世當我是改變銷售員形象的人。如果我能啟發銷售員以自己的工作為榮，鼓勵人們只要願意付出，就能擁抱這份帶來莫大成就感的工作。如果業務員成為超酷的工作，人們都想前仆後繼地投入，那該有多棒？誰想去時尚雜誌當寫手？銷售員才是我的夢想！只要能在這方面盡微薄之力，那就是我的「成就」。

在你思考「成就」這件事之前，我話先說在前頭，「成就」不是獎賞。車子是獎賞。新西裝、珠寶是獎賞，那不是成就。你為自己添購這些獎賞，是因為你想送禮給自己，或鼓勵自己。給自己獎賞當然沒問題，但「成就」有更宏高的意義。「成就」是你身後的影響，你也許無法「改變世界」，但是必須真真切切，必須改變**你**，必須是你真正**想要**的事物。妳是撫養兩個孩子的單親母親？妳想讓孩子過得好，甚至想幫他們存大學學費，幫他們的未來鋪路？等他們三十多歲回家時，才有辦法照顧妳——那就是「成就」了。問自己……

你希望人們在你身後如何議論你？請坦率回答：你希望人們說什麼？說你是

銷售天王？說你每年報稅的金額都很高？說你啟發同事，所以大家才能齊力斷金？說你總能想出最有創意的行銷手法、最令人耳目一新的銷售方法？說你可以輕鬆和客戶談笑風生？請想得更宏大！你希望留下什麼影響？你希望世界因為你而有何改變？不要說你無法想得那麼遠，你是人類，人都有腦子，而且你正在讀的書教你如何成為更優秀的銷售員，才能賺更多錢，過得更有意義。大膽一點，問你自己……你想要什麼樣的「成就」？

萊恩的成就：改變人們對銷售員的看法，以後大家都想從事這種擁有無限可能的工作。

你的成就：你希望人們如何在你背後評論你？你希望如何改變這個世界？請盡量發揮！

在父親那番當頭棒喝之後，我的態度有所改變。我不只想著要更努力，而是想建立我可以引以為榮的事業。我的心態從「我要這麼做才能賣掉房子，就是早起、超時工作」，轉為「我要做這些事情，建立了不起的事業版圖」。我的事業不只是賺錢，但是這點當然重要。我鞭策自己，思考我如何才能成為最頂尖的銷售員，四大理念建構而成的穩固地基有助於我更上一層樓。

正面心態：萬事萬物因此順風順水

我很早就知道自己的四大理念是什麼，但偶爾還是會覺得招架不住。這時保持正面心態，加上愛妻的支持，我才不至於潰不成軍。正面心態絕對能救你一命。

五年前，我賣命向「柱廊集團」行銷，因為我很想賣他們旗下的某棟大樓。我不斷檢查電子信箱，希望能收到對方點頭的回覆。後來我知道他們選中別人，我簡直傷心欲絕。快轉到四年後，他們打給我。頂樓還沒賣掉，我們開價七百萬美元，你想賣賣看嗎？當然好！我努力工作，佈置、裝點房子——成果**美極了**，拚命行銷。我很高興這間房子最後又回到我手上，我、一、定、會、賣、掉。第一個月，沒有人出價。唉。第二個、第三個、第四個月？沒有一個人出價。這下我緊張了。我的專屬合約就快到期，我也接到那通可怕電話，他們說要另外找人。多數房仲可能會認為，「好吧，賣不出去，換人就換人。」多數人都會找藉口，例如市場不熱絡、天氣太熱、現在是水逆等等！但我不是這種人。內心深處，我認為我賣得掉，而且非常肯定。就位，預備，**跑**！我打給每個人，整天忙著發電郵、撥電話，就是為了找到買家。我沒有一分鐘想過自己可能賣不掉。結果成功了，我找到一個人！協商兩週之後簽訂合約，成交！我的慶祝方式就是進去屋裡，跳上流理台（我先確定自己鞋子乾淨）拍照，我才能上傳ＩＧ，大聲告訴全世界。跟進後續、堅持不懈、辛苦工作都很重要，但是有時某筆交易就是難上加難，只有保持正面心態才撐得過。本來我似乎即將失去那間房子（而且是第二次），我沒浪費心力害怕或舉棋不定。我加足馬力，保持正面心態，除非成交，絕不罷休。

保持正面心態，再多理由顯示這件事辦不成，都置之不理；只要專注於當下能做什麼，努力促使生意成交。當你覺得怎麼做都沒用，鞭策你更努力、多撥一通電話、多找一個人、多試一種方法的動力就是你的正面心態。當你覺得無計可施時，就會突然發現生意成交了。

我對爵士樂一竅不通。但我知道有位著名的小號手洛伊．哈格洛，他極年輕就成為樂壇頂尖高手，我永遠記得他說過一句睿智的話。他說，「想當音樂家就要敞開胸懷，不要放過任何一面。你關照音樂，音樂就會關照你。」我很愛這句話，因為哈格洛對音樂的精闢論述，正是我自己對房仲工作的看法。只要我好好做，這份工作就會關照我。你想想，人生有高有低。有時得意，有時只想拋諸腦後。有些關係很順利，有些交往很糟糕。這都無可避免。但只要你保持正面心態，保持感恩的心，好好「工作」，工作就會關照你。但首先，你要真正了解你的工作本質。對哈格洛而言，他的「工作核心」就是一次改變一首歌曲的樣貌，他就以這個信念熬過來。麻煩你，在看下一章之前，請先找出自己的四個理念，之後就順其自然吧。

塞爾漢的做法

如果你照著這本書做，請花時間想想你的四大理念，在這一章的空白處寫下你的看法。我不時從我的理念中得到力量，我說這件事能改變你的人生也絕對不是胡說八道。我真正了解為事業打拚，而不是為五斗米折腰的差異之後，我的人生產生了巨變！知道自己的「原因」和我想得到的「成就」，我就理解自己這麼拚命所為何來！記得我的「絕境」，更讓我對現在的成績心存感念，早上起床工作時也不再那麼痛苦。當時我連優格都買不起！我也常常回顧自己的理念，提醒自己為何而做，我才能專心一志，才能更努力，達到更多目標。別忘了，你的答案可能隨時間改變，那也無妨！只要定期回顧、調整理念就好。

第一個理念：「原因」：你為什麼做這一行？

第二個理念：「工作核心」：你每天做哪些事情拓展事業版圖？

第三個理念：「絕境」：你想擺脫什麼？

第四個理念：「成就」：你做這一切所為何來？

保持正面心態：不要小看正面心態的力量，每件事才能因此順風順水。

第八章
成為……

這是一個關於兩間連棟屋的故事。

我曾經同時在同一條街賣兩間連棟屋，兩間售價都是一千萬美元。這兩顆球很相像，差異之處也很有意思。

第一間在西八十七街，可說是連棟屋之最。那就像綜合了一八八四年和二〇一七年的優點，是某家績優建商費心整修的心血。那間屋子有原來的壁爐、洛可可式天花板，放眼所及都是貴重的桃花心木。還有現代化的廚房、八個完美的浴室、附有戶外暖爐的超大屋頂陽台，甚至有電梯供屋主欣賞酷斃的每一層樓。

我不會說第二間是連棟屋之恥，上西區連棟屋該有的優雅古典特色，那裡一樣也不缺，例如軌道滑門、挑高的天花板、當年的線板、還有一間小房間可讓屋主穿拖鞋就能去喝茶、抽雪茄。但這間屋子不如同一條街應有盡有的另一間，這間沒有佈置，根本毫無家具，也沒有電梯或屋頂陽台。這間空屋瀰漫著悲戚又荒蕪的氣氛，要賣這種房子通常不太可能。事實不然，因為歌手比莉．哈樂黛曾經住過這裡。沒有屋頂陽台？誰在乎？你可以告訴別人，「黛夫人」曾和許多著名爵士樂手在你家辦雞尾酒派對。那間條件比較好的連棟屋主，可能像你我一樣，只是個毫無音樂才華、平凡無奇的路人甲。買下比莉．哈樂黛住所的人不只買下一間房子，還買下一段獨特的歷史，而且那段歷史永遠不會改變。下一任、下下一任屋主都可以說，「你覺不覺得比莉．哈樂黛演繹的作曲家喬治．蓋希文的〈夏日時光〉無人能比？我說得對不對？喔，我有沒有說過比莉．哈樂黛以前就住在這裡？」絕對是精采故事，而且是最強助攻，即使屋裡空無一物。

我永遠不會忘記我不是賣產品，而是賣產品之後的故事。當然，不是每間房子的屋主都是傳奇爵士歌手，但房子融合各種情緒，不是一般的產品。你在房子裡可以放鬆，可以在累了一天之後看看《冰與火之歌》，而且你未來的孩子學走路時，會在這裡絆倒。我們購買的每樣產品都與感情有關，我們選中的鞋子透露我們的個性，例如「哇，他好時髦。」或是「那雙布希鞋很實用舒服，妳一定是護理師、在自助餐廳上班的大姊或名廚馬利歐．巴塔利[35]。」人們希望購買的產品能帶來好心情。你希望告訴朋友，你買車的價錢很划算；或你買的高爾夫球桿與羅伊．麥可羅伊[36]用的同款；或妳的婚紗設計師和劍橋公爵夫人凱特的遠房表親是同一人！你可以說個故事，創造產品和消費者的連結。到頭來，那就是大家的目的，一個動人的床邊故事。這個故事不見得簡單，可能不是「你知道還有誰也喜歡這雙襪子？喬治．克隆尼！」有時要發揮創意，挖得更深，盡可能地了解產品，才能找到故事的種子，動聽的故事令人雀躍。如果你能販售雀躍的心情，就能賣掉任何產品，即使是一棟淒涼的空屋。

塞爾漢心法第十六則

更深入地挖掘事實。任何產品都要有個故事，才能賣得更多、更快。

35. Mario Batali（一九六〇—），美國廚師、作家、媒體名人。非常喜歡 crocs，曾一次買了兩百雙橘色款。
36. Rory McIlroy（一九八九—），北愛爾蘭的職業高球選手，首位贏得三項不同大滿貫賽冠軍的歐洲選手。

每種產品都有故事可說——只是要靠你找到

見過約翰·莊仕

二十五歲那年，我成了紐約市最年輕的房仲經理，負責販售「約翰街九十九號」大樓。我格外興奮，也異常緊張。那棟大樓有四百四十二個單位，全賣掉的金額將近五億美元，我覺得壓力山大。那是前所未見的挑戰，也是不可多得的機會，前提是我要知道怎麼賣。二〇〇八年的金融海嘯沒過多久，房市慘澹，所以我才有辦法拿下這個案子。建商在現場有自己的銷售團隊，卻幾乎一間也沒賣掉，他們需要找個夠飢渴的人「創造市場」。房仲認為這棟房子注定滯銷，根本沒人來看屋。我得另外找方法銷售，才能吸引買家。

我決定第一步就是盡可能地了解這棟大樓。我上網研究之後，看到許多資訊只說這棟樓有四百四十二間單位，乏味至極！房市熱絡時，這些資料就夠了。但房市冷清時，要賣的可不只是屋子，還得附上來龍去脈。我想找到那則價值連城的重要資訊，炒熱市場，例如喬治·華盛頓或小賈斯汀住過這裡。結果我找到了。我發現，「約翰街九十九號」由薛瑞夫、藍姆和哈蒙設計。什麼？哪位？喔，只不過是設計那棟帝國大廈的人。這些建築師是紐約市裝飾派藝術時代的大師，而這種風格令人聯想到美麗的建築、光鮮華服、雞尾酒和抽菸的紳士淑女，因為當時他們還不知道抽菸會要命。「約翰街九十九號」的裝飾派藝術歷史獨樹一格，我因此得到靈感。我打給大學同學湯姆・布斯[37]，一位才華洋溢的插畫家。他畫了一位戴著演員亨佛利・鮑嘉風格帽子的男子剪影，我們幫他取名為約翰・莊仕[38]。

約翰・莊仕成了我們廣告文案的發想基礎，銷售發表會就是幫約翰辦個回鄉派對。我們邀請了許多仲介來吃吃喝喝，還發派購自蒂芬妮、愛馬仕的精美小禮物，確保大家知道附近有這兩家名店。看看這一區有多棒？現在大家紛紛打聽這間大樓，仲介不再稱大樓為「約翰街九十九號」，反而說那是「約翰・莊仕大樓」。這棟樓不再只是產權獨立的單位，每個人都知道過去的豐富歷史，因為我們向潛在買家說了一個精采故事。隔天，我們就拿到頭三筆出價。

37. 作者註：他很厲害，請上網查詢，http://www.tom-booth.com。譯註：此人是作家、插畫家、平面設計師。
38. John Deco，這名稱結合了約翰街九十九號（99 John Street）與裝飾派藝術（Art Deco）。

用故事打造創意十足的推銷詞

第一步：清楚界定你的難題

我的難題就是至此沒人再留意這棟建築。房市慘淡，這棟大樓又不特別，只不過是另一棟改成產權獨立單位的建築。我得找個新鮮角度切入，炒熱討論度。

第二步：深入挖掘

挖掘產品事實之外的資訊。你的產品有哪段歷史？可以當成行銷方案的精采故事嗎？「約翰街九十九號」由傳奇建築事務所設計，該團隊的作品包括紐約市幾棟得獎最多的建築，這是「約翰街九十九號」獨有的歷史。你賣的是護手霜？誰發明護手霜？當初為什麼發明？製作護手霜的技術有多大的變革？「你知道以前美國原住民用煮沸再冷卻的動物脂肪當乳液嗎？活在這個時代是不是很棒？我們的買一送一套組沒有動物脂肪喔，來個四瓶吧。」

第三步：播種

你要如何用饒富創意的方法激發消費者的購買慾？我利用這棟公寓是裝飾派藝術設計師作品的事實，當成大樓特色，有別於其他普通建築。我們用歷史創造約翰・莊仕的形象，他成為我們別出心裁行銷文案的基礎。所以我們有精采的故事可以和買家分享。你賣的是保險？人們不肯相信他們需要保險？以下是我提供的種子：「你知道保險的歷史可追溯到遠古時期嗎？當時的人彼此擔保，如果鄰居家出意外，可以提供自家給對方住。雖然適者生存，但兄弟情誼又提供了一層保障。我知道，如果房子壓死你，你應該不希望守寡的嫂夫人住進隔壁的泰德家吧？能生活在這個年代是不是很好？現在買壽險，保費打七五折喔，僅限今天。」

了解產品就是力量

我認識法蘭克，是因為他請我輔導他賣櫥櫃，我們決定在《金牌銷售員》拍他的故事。法蘭克很有意思，簡直就像電影《四海情深》裡的角色。他很健談，但不知為何，就是無法成功賣出產品。顧客都跟他很投緣，但是他們提出問題時，他往往會離開，請同事過來幫忙。起初我請法蘭克介紹產品，當我問到材質時，他聳肩說，「木頭吧？」喔，這樣啊。我很快就發現，法蘭克顯然不了解產品，只知道櫥櫃是放在廚房擺麥片的東西。除非法蘭克更了解產品，否則無法自信滿滿地回答顧客的問題，誰想向這種人買櫥櫃？人們花錢時就想找最有自信、知識最豐富的人，否則上網購物就好啦，現在的法蘭克連網購都比不上。

塞爾漢心法第十七則

如果你想學會如何推銷一餐飯，就得在廚房花點時間。如果可以親自看到產品如何生產，就去看吧！

我們開車到賓州，法蘭克的公司就是在這裡取得製作櫥櫃的木材。我們看著高大的樹木被砍下、切成木板（他們還讓我用鏈鋸呢！）。然後木材必須以特殊方法乾燥，過程可能長達兩年。接著由師傅手工打造，品質果然精良。如今法蘭克可以回答得更仔細，不再只是簡單兩個字（木材）。而且他了解櫥櫃製造過程有多複雜，更能說出個好故事。他可以和顧客聊櫥櫃的品質，說櫃子是用窯乾木材手工訂製，而且他的公司從一九五〇年代以來就用這種方法製作櫥櫃。這不是顧客自己拼裝的廉價櫃子，你不必看著語焉不詳的說明書忙上幾個小時，最後只得到一個歪歪斜斜的架子，減損整間房子的質感。這些櫥櫃品質一流，可以存放吃上好幾代的巧克力玉米球和瑞士捲！法蘭克用剛學到的產品知識，設計推銷說詞：這些櫥櫃用堅固的硬木材手工打造（多數櫥櫃用的是不耐用的松木），而且採用傳統工法。這些櫥櫃是最好的投資，因為可以用上一輩子。我們為紐約市打造美麗廚房已經有半世紀之久了。**成交！**

用產品打造別出心裁的推銷詞

第一步：清楚界定你的難題

法蘭克的難題是現在販售櫥櫃的平台很多，例如大型商場、網路，更困難的是，他的櫥櫃（雖然物超所值）比多數商品來得貴。他要如何告訴顧客，他賣的商品的真正價值？

第二步：深入挖掘

我們親自跑一趟之後，法蘭克親眼看到他的產品為什麼比較貴，因為那是在美國境內手工打造，而且過程之精細繁雜，可能要經過好幾代才能做到盡善盡美。他賣的不是便宜的爛貨，而是櫥櫃中的勞斯萊斯。現在法蘭克看到產品製作過程的技術和悉心處理，這些知識在他向顧客推銷時就能派上用場。如今他明白，這不是普通櫥櫃。

第三步：播種

現在法蘭克有故事可說，而且他看過產品如何製作（由手藝精良的師傅打造！），也知道這是能用上一輩子的高品質櫥櫃。他可以運用這些資訊，對消費者動之以情，說明這些產品半世紀以來都運用同樣的傳統技術。

用創意打造故事或推銷手法是個有趣的過程，我已經用過無數次。享受發揮創意的過程，你可以因此吸引更多新顧客、打開知名度、成功推銷。有一次，我找畫家在模特兒身上做人體彩繪，拍成三十公尺長的旗子，掛在我要賣的大樓上，製造話題。結果很有效，大家都知道，房子也賣得嚇嚇叫，不會只是另一棟毫無新意的公寓。又有一次，我要賣的公寓看不到任何景觀，前面就是一大片磚牆。這間房子很適合不重視採光的買主（例如吸血鬼），我辦了螢光派對，強調這間房子很適合半夜才回家的人。這招奏效，果然賣出去了。有間連棟屋的裝潢是過時的一九八〇年代風格，我辦了八〇年代派對，還坐「迪羅倫」（電影《回到未來》的時光車）到現場。那棟房子一天就賣出，售價是七百五十萬美元。你可以運用創意，天馬行空地強調產品特色，成功打動消費者。

每個銷售員都需要一個引人入勝的切入點

備受推崇的安東尼．霍普金斯演過前總統尼克森和知名作家C．S．路易士，這些都是正經八百的角色。然而你在螢幕上看到獲頒大英帝國勳章的安東尼．霍普金斯爵士，第一個想法應該是，「哇，他旁邊那傢伙最好罩子放亮點，因為霍普金斯可能會吃掉他的臉。」我們看到他，不會說「他就是演默詮艾佛利製片公司那部好片的管家。」我們會說，「他就是那個連續殺人犯，吃人肝臟還配蠶豆和上等的奇揚地紅酒（電影《沉默的羔羊》劇情）。」大家只會記得霍普金斯是「演漢尼拔的那個人」。

起初我是「那個在星巴克問孕婦需不需要換房的人」。儘管紐約市不缺孕婦，但我知道自己要出人頭地，不能僅限於幫小家庭換房。我不能以出租兩房公寓自滿，我想要每天都能賣掉幾百萬美元的物件。

在銷售界，你能賣出什麼等級的價位，你就會在那個等級出名。你如何從現在的位置（賣的不多的人），爬升到你渴望的層次——那個**隨時**都有**豐碩業績**的銷售員。我花了很久的時間，才決定成為專賣七位數以上公寓的房仲，那段過程相當漫長。但我遵照幾個核心概念，成為專賣上百萬美元公寓的仲介。

打造你的基地營：創造引人入勝的切入點，開始往上爬

身為銷售人員，第一個引人入勝的切入點就是你的特色，所以消費者才想向你買，而不是找別人。法蘭克和我去過賓州之後，我們再三琢磨他成為最佳櫥櫃銷售員的原因，最後法蘭克決定當個「從前菜跟到甜點」的業務員。他矢志持續跟

進，直到顧客的夢幻廚房完工為止。他會陪他們走過整個流程，從選櫃子、丈量、安裝，到最後放上咖啡杯之前都不罷休。他不會賣了櫃子，就任你自己摸索，法蘭克的特色就是他會守候陪伴。

你今天身為業務員的特色，不見得就是你明天，或明年的特徵。沒錯，目前法蘭克是「從頭跟到尾」的櫥櫃業務員，這很好。如果法蘭克參加鄰里烤肉，因此認識「擁有五十間華廈」的喬，那麼法蘭克就要成為專門幫華廈安裝高級櫥櫃的人，他的業務量會立刻增加。成為最佳銷售員就要有特色，但也要保持彈性，隨時準備接不同的球。我作夢都沒想過，自己會成為「打破布魯克林不動產紀錄的人」。如今我多數業務就是販售布魯克林的不動產，如果我當時不願意從曼哈頓房仲轉變為布魯克林房仲，我和我的團隊就會錯過大好機會。你原本的特色是起點，但別害怕改變，請順應潮流，與時俱進。

站上山頂昭告天下：成功是成功之母

我不甘於只出租兩房公寓給準爸媽，只要賣掉高價單位，我一定會昭告天下。有很長一段時間，我談定的都是出租案件，偶爾才會敲定買賣生意。但我可沒等到有今天的成就，才大喊我是「上億房仲」，否則就沒意義。只要成交高額生意，你離目標就更近。一定要告訴大家，寄明信片、上傳社群媒體，只要有機會就提。只有你自己（或許還有你老媽）才會宣揚自己的成就。

我一旦決心從事房仲業，就立志販售定價超過百萬的公寓。但我可不是某天醒來，就說，「我再也受不了每個月只出租兩千美元的案子。有了！我去公園大道跟蹤別人，看看誰願意讓我今天就賣他們兩千萬美元的房子。」這個嘗試也許很有意思，但你更可能會吃上官司。我可以輕鬆租出兩千美元的房子，但我沒畫地自限，我積極尋找願意出三千美元租房的客戶，接著是四千美元。我不是突然大躍進，而是慢慢進步。無論賣三千美元或四千美元的熱水池，你對顧客說的話都差不多，工作量、資訊、時間、心血都一樣，但慢慢地，你會賺更多錢。接著四千元的浴池就變成五千，不斷提高，最後只有賣一萬五千美元的高單價浴池才叫得動你下床。在銷售界，成功帶來另一次的成功。我開始租給預算較高的房客，他們又介紹預算一樣高、甚至更高的朋友給我。某天，某房客發現買房子比租房子划算，結果我現在就只負責銷售案件。即使到了今天，我依舊留心自己往後要接哪一種球，應該將業務拓展到哪些尚未接觸的範圍？有人的夢想既高又遠，遠遠超乎你的想像，你就要把自己當成那種人，做就對了。

生意就要做得長長久久：享受山頂的風景

我注重業績成長——拜託，各方面都要擴展！——也知道身為銷售人員，以一樁大交易出名就太棒了，表示你已經登峰造極。演員最怕被定型。你能想像威廉・法洛主演《沉默的羔羊：最後一餐》嗎？他可能吃著某人的直腸，觀眾還是覺得爆笑到極點。威廉・法洛是在世最耍寶的人，我們很難將他當成變態食人魔。如果你已經到了消費者想到你的產品，就聯想到你，你也覺得很開心，那就是好事。妳賣鑽石，但產品都超過三克拉？了不起，妳是「專賣大鑽石」的女人。你賣露天電影院，但產品都超過六位數，而且你和園藝設計師合作，專門針對漢普頓的豪宅？很好，你「專賣高檔露天電影院」。只要你對自己的產品、顧客滿意，那就好好享受自己的事業，但也要準備隨時與時俱進。

工作就要拿出工作的態度

我得先把話說清楚，工作就要拿出工作的態度。商店營業中？**你**就是在工作中。成千上萬在職場浮沉的銷售員找我，希望來上《金牌銷售員》。最後八人雀屏中選，有機會上第一季。這些銷售員都瀕臨失業邊緣，每個都有不同的難關要克服。有些人不了解產品，例如法蘭克，有些人很難與潛在客戶建立關係。但他們有個共通點最教我難以忍受，除非他們和消費者面對面，不然都沒切換到工作模式。銷售員工作時，就要拿出工作的態度。你不能邊吃焙果，邊瀏覽前女友的ＩＧ，你得準備妥當，談成生意。

每集開始拍攝的頭一天，我會到店裡觀察那集的銷售員，也絕對不讓對方發現（我很會躲）。每次我都能得到同樣的觀察。銷售人員坐著乾等，彎腰駝背，面無表情。更糟的是，來上節目的人當中，有一半的人都躲在角落玩手機。他們與客戶沒有互動，甚至連句簡單的「嗨，今天天氣很好」都沒有，也不會說，「你好，這種薰衣草身體磨砂膏剛上架！你聞聞看！」你不能等待完美機會降臨才肯出現，不能等那時候才開始建立關係、開始銷售，這種方法無法打造銷售事業。

還記得當初撥號上網的年代嗎？當時美國線上公司會發出提醒音效，說「你有新郵件。」現在網路隨手可得，世界因此改變！滑一滑手指，就能取得各種資訊、聯絡方法、買到新毛衣、下載你最喜歡的歌曲。銷售人員就該有這種心態！

如果你能夠隨時開啟銷售員模式，你就能改變世界。你隨時準備就緒，隨時準備出手，不會等客戶走到你面前，才啟動開關，開啟銷售模式。成功的銷售員無時無刻都保持最佳狀況。

我不是要你掛著詭異的笑容，在路邊站十二小時，向人推銷甜甜圈。我的意思是即使消費者**不**在你面前，你也不能無所事事。如果你能從這本書學到一丁點寶貴資訊，那就是消費者不能貢獻銷售數字時，你還有好多功課可做！其實獨處時才是銷售員的黃金時光。我們多了半小時可以找新客戶，另外半小時可以傳電郵、簡訊跟進後續、貫徹承諾、回頭關注，或是和店經理商量當天的促銷手法。除非找得到客戶，否則不該在臉書逛一小時。

塞爾漢心法第十八則

眼前沒有客戶？趕快趁現在完成工作。

解放心裡的怪咖魂（而且玩個盡興）

客戶開門時，你永遠無法預估接下來的發展。身為房仲，我曾經看過有房間放了一大堆恐怖娃娃頭和垃圾做的雕塑。有一次，我和華爾街的交易員聊到他希望新家有何特色，一隻袋鼠從他的臥室跳出來，跳到頂樓另一端。房仲碰過千奇百怪的事情，但矮小的中國奶奶佩蒂打開空房的大衣櫃時，我還是大吃一驚。從地板到天花板都是各種顏色的緞帶、蝴蝶結和蕾絲。那就像凱蒂貓和白雪公主一起嗑茫之後，決定在網路上開手作商店。這位矮小的女士——對了，她談起生意，絕對不輸經驗老到的華爾街悍將——熱愛做髮帶，我關上門，暗自希望佩蒂瘋狂的緞帶山不會嚇走買家。我很幸運，不到一天就照佩蒂的價格賣掉房子，前提是買家希望佩蒂（以及她的緞帶）可以在三十天內搬出去。如果我不想失去這筆交易，就得馬上幫佩蒂找到房子。但佩蒂痛恨我帶她看過的每個地方，一間太小，一間離隔壁大樓太近，有一次更是討厭到還沒進去就掉頭離開。我開始擔心我沒辦法留住我們幫佩蒂找到的買家，兩筆交易都會泡湯。我得想盡辦法將佩蒂從失望階段拉離，還要盡快。

我在砲台公園城找到合適房源，時間一分一秒逼近，我不能再隨便冒險，必須讓佩蒂一見鍾情，這時我想到她的嗜好。我想讓佩蒂當場就出價，方法就是讓她知道，她可以用整個房間做髮帶。我買了緞帶，而且買超多。我提早到公寓，在某個房間放了大桌子。我在房裡放了許多籃子，裡面擺進各種大小、顏色緞帶的籃子。佩蒂可以為美國每個熱愛公主裝的孩子做頭飾，材料多到她還能幫小馬或俄羅斯體操選手做蝴蝶結。

佩蒂走進公寓，沒開口嫌東嫌西，我覺得滿懷希望。她覺得客廳尺寸剛剛好，也覺得隔壁大樓夠遠，不必擔心被人偷窺。我開了秘密的緞帶房，佩蒂眼睛瞪得老大，我就知道她會出價了。當我在頭上別上蝴蝶結，說價錢是底價，賣家沒有任何轉圜空間，她竟然眼睛眨都不眨。佩蒂找到她的蝴蝶結王國，我也賺到兩份佣金，皆大歡喜。

有什麼因素可以錦上添花？

幫佩蒂佈置迷你緞帶工廠是我的創意，也很有效。當時我根本沒料到，更妙的是，我還是和莎拉去脫衣舞俱樂部才得到靈感。看到莎拉那麼推崇舞者，我因此更了解她這個人，也明白她當時的心境。注意到這些事情就像拿到精確的地圖，我因此可以幫莎拉找到合適物件。雖然我沒辦法幫佩蒂找到緞帶店樓上的空屋（對，我找過了），我可以利用這些觀察幫助她明白，那間公寓從各方面看來都很適合她。佩蒂填寫清單時，並沒列出「緞帶房」。但我發現她很看重手工時間，對她而言，這意義非凡。那間三房公寓大小適中、採光佳、地段好，緞帶只是錦上添花。佩蒂之所以無法抗拒，就是因為那些緞帶。自從幫莎拉、佩蒂找到房子之後，我隨時留心哪些創意可以讓顧客買得更自在。

如果客戶卡在交易的難纏階段，你必須勸他們往前走，這時就要向下挖掘。她是不是有哪些不太符合常理的要求？假設我有個客戶熱愛烹飪，買房子卻畏畏縮縮，我可能會送她物件附近的農產品，告訴她，買下那間公寓就有這個附加福利。隨時都要想著可以提供哪些額外好處，無論那些好處看起來多麼微不足道。你的珠寶店可能不會同意你打折，但你也許可以提供終生清潔服務。你可以向客戶保證，她們的鑽石永遠亮晶晶！如果你賣的是娃娃屋，多送一隻小貓！有時激發購買的動機不只是物品或服務，而是客戶對這筆交易的感受。

以下舉例說明。那是紐約市某個又濕又冷的週六下午，對多數人而言，這種日子最適合在家看「網飛」打盹，但我穿上大衣，前往雀兒喜看某間開放參觀的公寓。市場上有間新房子可能很合我客戶的胃口，但我選擇冒雨出門，不依偎在艾蜜莉亞身邊，另有原因。我知道自己能成功是因為我發揮創意，願意敞開心胸嘗試各種新事物。創意沒有極限，但你也無法做到面面俱到。一定還有另一個角度、另一個方法，另一種全新的思考態度，一定還有其他方式可以激發靈感。所以我要在滂沱大雨中去看雀兒喜的兩房公寓，我想看看別人怎麼賣房子，瞧瞧其他仲介的手法。我走進寬敞的玄關，撲鼻而來的是濃郁的手沖咖啡香……慢著，那是熱餅乾嗎？開放參觀的房子常提供點心，但是外面又冷又濕，上等咖啡、巧克力碎片餅乾搭配柔和的音樂立刻給人舒服的感覺，彷彿**這就是你家**。我馬上可以想像自己回到這樣的房子，可以想像我要把雨傘放在哪裡，要坐在哪裡收電郵，在哪裡與我的愛妻共餐。但我根本不需要買房子，我已經有房子了！那個仲介創造的溫馨氣氛，讓大家忘記客廳雖然有大片窗戶，外面卻沒有任何美景，只看得到醜陋的灰色市容。我在簽到單上留下我的聯絡方式，一小時後，我收到史上「最可怕的跟進電郵」。對方不只是傳一句簡單的「嗨，謝謝你過來。」她細心地想到客戶對這棟大樓、公寓和地段可能有的疑問，信中附上所有連結，我工作起來輕鬆多了，我也非常感謝。我回信，說我沒有客戶感興趣，但我的公司有職缺。

當晚在家時，我開始回想自己如何在事業上發揮創意。我總是把創意用在包裝產品、規劃廣告方法、行銷文案。但我要如何鍛鍊銷售方面的創意？我要做哪些更新穎、更不凡的事情？我要如何運用創意，拓展觀眾群和人際網路？我非常幸運，手上有兩個節目，也許我該做其他事情了。我進了自己的臉書網頁，看到許多最新消息、連結和影片。我拿出筆記型電腦，打開本週待辦事項的檔案。我加上，「開創一個影音部落格。」接著又加了一行：「寫一本關於銷售的書。」

塞爾漢的做法

放膽在行銷手法中加入創意、玩心。利用創意和故事賣產品，絕對是你打敗同行的關鍵。

創造有創意的廣告行銷：三個簡單步驟

1. 界定難題。
2. 探索：你的產品有何歷史？或你的產品是如何生產？
3. 播種：將重要的資訊栽種成廣告手法。

建立特色：每個銷售員都要有引人入勝的切入點

4. 打造基地營：創造引人入勝的切入點，開始往上爬。
5. 與時俱進：保持彈性。
6. 昭告天下。

7. 爬得更高：不要找生意，你已經有生意了。

8. 生意就要做得長長久久：好好享受山頂的風景。

利用創意，談下生意

9. 張耳聽，張眼看。

10. 有什麼好處可以錦上添花？

第九章
如何輸得更聰明

二〇一六年七月七日，希臘科孚島。

我穿上燕尾服，這套很帥。我選天藍色果然沒錯！我快速檢查，確定牙縫沒菜渣，擦掉額頭上的汗水，七月的希臘就是火爐。一切已經安排妥當，再過幾分鐘，我就要搭上海盜船（沒錯，就是海盜船）前往一間小島上的古老教堂，在所有親友面前迎娶艾蜜莉亞（其實全世界都能看到，因為精采電視台跟拍）。帶一百五十人到希臘小島辦婚禮有許多挑戰，所以手機瘋狂響起時，我準備面對任何與婚禮有關的災難。什麼都有可能：牧師被綁架，教堂被炸掉，酷暑導致賓客抓狂，或是我們冒犯海神，導致我們的婚禮蛋糕被丟進愛奧尼亞海。發生上述任何情況都還好（至少日後都能當成有趣的故事），絕對好過我即將面對的難題。

我們先倒轉一下下，回到我和蓋瑪・馬可森初識時。

二〇一六年六月十五日，美國紐約市。

我和蓋瑪已經認識四年，我用上所有跟進後續的策略，我發誓。我帶她看了公寓，她很喜歡，就快買下了，但又改變心意，決定繼續租房子。她是忠心耿耿的客戶，所以我從未想過放棄她，但她很挑剔，常常三心二意。有時她只想看有落地窗觀望哈德遜河景的公寓，下個月依舊要落地窗，只是窗外要對著帝國大廈。之後又對開放式廚房舉棋不定，然後又和熨斗區（熨斗大廈附近的社區）某間閣樓糾纏不休。還有一個短暫時期是「我只要一樓，比較方便我的樂團練習。」什麼？我完全不知道她玩樂團。多年來，我和蓋瑪就這樣來回拉扯。

二〇一六年，大概在我要去希臘迎娶心上人的前一個月，我多了一間十二街的物件。我知道誰最合適，就是蓋瑪。

我一接到這個物件就打給她。外露的磚牆、附衛浴的超大主臥房、沒有隔間，在在都讓她激賞。那間房子看不到哈德遜河或帝國大廈，但價錢合理，而且有個大辦公室可以改成放映室（或錄音室）。她一進門，我就發現她臉紅、微笑，我從沒見過這種表情。太好了！蓋瑪找到她的家了。我本來打算標五百萬美元，但物件甚至還沒公開上市，只能私下幫蓋瑪和賣家協商。這時蓋瑪的母親登場，「蓋瑪找到公寓了！棒極了！我們開價四百萬美元，現金價！隨時都可以成交。很好！」其實不太好。在這個階段（公寓還沒上市），每個賣家說、的、話、都、一、樣：「他們開這什麼價錢！我這間房子還沒上市欸，況且這個價格太低，簡直侮辱人。你什麼活都沒幫到，我們先放上市場，一定會有很多人開價，幫我找個俄羅斯億萬富翁吧！」這時買家會說：「我幹嘛加價？甚至還沒上市欸，我何必撤回出價？**叫他去吃大便**。隨便他接不接受！想找到出高價的俄羅斯億萬富翁？祝他好運！」我就卡在中間，就像卡在吵架父母之間的小朋友，只能絞盡腦汁讓他們達成共識。

塞爾漢心法第十九則

銷售員往往發現他們進退維谷——但是一定有辦法解決。只要你有辦法縮小差距，每筆交易都能成交。

我的賣家和買家之間有一百萬美元的差距，乍看可能覺得是無法跨越的鴻溝，對我而言，就只是我需要填補的空隙。就經驗看來，我已經知道這是每樁交易最關鍵的時刻，就是兩方都踩足油門抵達第三個**恐懼**階段，多數協商就在此時敲定或破局。就公寓狀況和最近幾樁交易看來，五百萬美元太高，但四百萬又太低。但如果你是神經敏感的買家或賣家，誰在乎事實？所以我得幫兩造找到雙方都合意的數字，我得「縮小差距」，否則三方就會鬧得不歡而散。

我說服兩方，他們應該各退一步，看看能否達成協議。在協商初期，我的第一守則就是一定要回擊。客戶常常覺得沒必要，他們會說，「我們的價錢差太多，根本沒必要回應！」但我看過太多次了，慫恿兩造討價還價，可能會造就一樁對兩方都有利的生意（仲介也開心，因為他成功賣出）。但縮小差距不是只有提高或降低價錢那麼簡單，還得留意他們的恐懼。記得我們之前討論過「絕境」？那些絕境就是鞭策我們非成功不可的動力？買家和賣家都一樣。賣家最大的絕境就是「房子賣不出去」，買家則是「買不到房子」。聽起來很簡單，對嗎？每次協商，我都得運用這種心態。我提醒十二街的業主，不還價就是把房子丟上市，而且還可能賣不掉。不和這位有興趣的買家交手，卻冒險賣不掉房子，值得嗎？

賣家聽取建議，決定降價二十五萬美元，換取「快速出售」。太好了！我提醒買家，這間房子還沒上市，她是先看到。還有，她的女兒找房子已經四年了！她不想看到女兒安居樂業嗎？她同意增加二十五萬美元，換取「快速成交」。一百萬美元的差距已經縮小一半，我知道這個數字很大，但是你必須了解，我用相對應的關係看待這個差距。無論這個分歧是一百萬或十元，請拆成更小的數字，基本上我只是請雙方都讓利兩塊五。聽起來就不像一百萬元的差距那麼可怕，對不對？

我們有進度了！只不過還沒達成共識，沒有人想再退讓，兩方也都不接受對方的價錢。賣家心想，**我的房子都還沒上市，我就已經降二十五萬美元**。買家的心態則是，你猜對了，**這房子都還沒上市，我就加價二十五萬美元**。我知道這個金額聽起來是天價，但標價這麼高，十萬元這類的數字也只能塞牙縫，只能多少彌補差距。我們都已經走到這一步，一定能衝過終點。因此我請買家和賣家平分差距，「大家各退一步」大概是協商史上用來敲定交易最好聽的說法。兩造都舒坦，覺得彼此退讓的距離一樣大。一邊願意降價，一邊願意抬價，最後就以四百五十萬美元成交！賣家可以搬進康乃狄克的新家，蓋瑪可以好好享受她的電影室／錄音室／或養倉鼠[39]。最棒的就是艾蜜莉亞和我可以去希臘結婚，把這件事情拋諸腦後。哈！

不讓球落地的協商技巧

如果你覺得離意見一致還有漫長路途，不要害怕，有許多方法可以敉平歧見，找到兩造都合意的辦法。

- 一定要討價還價，不還價就沒有進展。
- 提醒客戶，時間就是金錢，而且時間更昂貴。
- 你無法預測市場走向，不能認定還會有更好的價錢。
- 合約牽涉到的人願意各讓一步嗎？
- 你身為銷售員，可以提供好處嗎？能不能降低佣金？自己補償這筆生意的損失？記住，賺十元也強過一塊都沒賺到！

運用恐懼。

- 聊聊他們的「絕境」，例如買不到或賣不掉。
- 提醒買家有哪些風險。不買可能錯失良機，買不到心頭好、因此談不了好價錢，或錯過他們尋覓多年的標的。

- 如果你是賣方的仲介，提醒他們，物件放上市場賣永遠有風險。
- 對兩方強調，當下就可以敲定交易。

保持對話暢通，不中斷

- 要把球抛回空中，對話不能中斷，即使客戶不肯談。
- 仔細傾聽，好好回覆客戶的疑慮。
- 人人有獎，皆大歡喜：你還能抛出什麼好處，讓大家都覺得撿到便宜？例如我曾讓喬不攏的兩方點頭成交，因為賣家免費贈送餐桌椅。

賣家期待搬到康乃狄克展開新生活，蓋瑪則是努力準備相關資訊。十二街的房子是合作公寓，所以蓋瑪得通過委員會的審查，交易才算正式完成。對多數在紐約市買公寓的人而言，提供買家相關資訊給合作公寓，就像是通過層層關卡的成人儀式。買家必須和整棟大樓股東分享完整的財務史，薪水、報稅金額等等。如果你

39. 作者註：她在漫長的四年買房史中領養了五隻倉鼠。

二十三歲時買維多利亞秘密內衣延遲付款，他們都知道。如果你幸運通過審查，每次與鄰居一起搭電梯，都會很尷尬。有沒有任何歷史顯示你做人低劣或是有神經病？你的狗很吵？嗜好是吹低音銅管？他們不喜歡你的長相？那天是週四？紐約合作公寓管委會拒絕人的理由五花八門，但歡迎來到紐約市！合作公寓管委會有莫大權力，任何理由都可以拒絕新人入住。我上飛機前往希臘，當時蓋瑪正在努力填寫資料。一切光明燦爛。我幫蓋瑪找房子四年，現在這個快樂房仲要去結婚了。

二〇一六年七月一日，抵達希臘科孚島。

鏡頭回到我的希臘婚禮。我們在科孚島租了最大的別墅兩週，打算瘋狂慶祝我們的愛情。這是希臘！我們辦了超盛大的歡迎派對，所有家人朋友都來了。人生幸福美滿！結果十二街的賣家留言說出狀況。平常我手下的成員就能處理買家相關資訊，或是任何問題，但這個客戶堅持要我親自處理。我早答應艾蜜莉亞婚禮時不工作（其實也不算，因為我帶了整批攝影團隊），但我投身房仲業以來，一定回覆每通電話。生意每天都有可能中止，我會搞定！我打給賣家。什麼問題呢？因為蓋瑪的父母要出錢買房，蓋瑪很年輕，理論上也算是待業中，所以合作公寓要她父母的完整財務資訊，但她爸媽不肯提供。管委會出難題、買家拒絕提供資訊，這都是摩天大樓等級的問題。那兩天我都鬼鬼祟祟地打電話（艾蜜莉亞會殺了我），和買家、賣家來回溝通，努力輔導他們完成這筆交易。這時候婚禮又狀況連連！教堂重複收了兩組新人！鮮花卡在荷蘭無法出口！我想辦法辦一場世紀婚禮，買家財務資訊和管委會面試的問題卻在我腦中揮之不去。我不斷安慰自己，我就是這麼細心，這麼有同理心，這筆交易只是出了一點狀況……關係到的佣金只不過是二十七萬美元。深呼吸。

塞爾漢心法第二十則

一筆交易不會讓你欣喜若狂，也要不了你的命，因為你還有自己的人生要過。

我為了達成協議，在所不惜，但我在婚禮上學到，孩子出生時或我臨終前，我不想忙著搞定生意。

二〇一六年七月七日，下午四點四十八分，十二分鐘後就是我的婚禮。

原來這通電話不是與婚禮相關的大難，只不過是不動產方面的問題。該死。「嗨，萊恩嗎？我是蓋瑪。管委會同意了，但要提供這麼多財務資訊，我們覺得不太自在，所以不買了。請退錢給我們，謝了！喔，抱歉。」就在那瞬間，我的豐厚佣金灰飛煙滅，我也擔心賣家會殺了我。我沒讓他們在我的婚禮一個月前公開兜售，反而鼓勵他們答應這樁「天衣無縫」的密售交易。在酷暑推出新物件是死路一條，所以我得迅速控制損傷。賣家必須盡快知道，因為他們已經搬家，這個恐怖發展會毀了他們的計畫。我打給賣家，告知買家抽身的壞消息。「我幾分鐘後就要結婚，但我下週就回國，我保證幫你們找到新買家。」這還不夠好，手機另一端傳來吼叫聲，而且是一連串叫罵。我努力說明是管委會嚇到買家，雖然我已經盡力阻止，但我無法控制買家的心情。這個理由還是不夠好，交易喊停，死的一定是銷售員，他們再也不想找我合作，嘟嘟嘟。啊。

雖然這樁交易胎死腹中，而且還選在我結婚當天，我卻學到無比珍貴的教訓。我在人生最棒的一週竟然心情惡劣，我應該覺得歡欣鼓舞！卻讓客戶左右我的心情，因為我覺得自己愧對他們。別人僱用我賣房子或代表他們找房子，在我而言，攸關生死。我在乎他們的信任，這次卻彷彿讓他們失望了。我擔心再也沒有人願意讓我賣房子，開始懷疑自己的能力。每個銷售員都會經歷這個過程，從此以後，我決心不受制於搞砸的合約。我也提醒自己，十二街的頂樓不是我唯一的球。我結婚回國之後，還有很多球可拋丟。我當時就發誓，我要記取每次的失敗教訓。與其一敗塗地，我需要輸得聰明。這些事情可以幫助我在房仲業有所成長，也預防其他球落地。

如果你認為，「天啊，你有什麼毛病？你可是即將在希臘小島迎娶美嬌娘！」──我要特此聲明，搭上海盜船時，我已經把所有問題拋到九霄雲外。婚禮很棒，我永遠不會忘記那天，而且只記得**好事**。

球落地導致交易失敗的六個理由

大家的球都會掉，生意可能會搞砸，沒有人會因此開心。如果你從來沒有這種經驗，全宇宙大概只有你一個人吧。我投身房仲業十年以來，蓋瑪這件也只不過是幾百件中的一件，甚至還不是損失最大的一次。我曾失去佣金高達一百二十萬美元的案子，是啊，我痛死了。我學到，失敗的理由有千百種，但如果能知道最常見的幾種，你就有辦法預防失敗。

別誤會，搞丟生意並不好玩，何況我還費盡心思。有時我真覺得自己就像拚命幫死人做心肺復甦術的急診室醫生，只為了告訴死者家屬，我已經盡力救他。其實交易喊停也有好處，畢竟失敗是成功之母。我知道聽起來像陳腔濫調，可是我發誓這絕對是真理。即使金錢方面有損失，你卻賺到經驗。記得「約翰街九十九號」嗎？就是我第一次接到的大樓物業？我學到很多教訓的那個案子？我後來被炒魷魚。當時我覺得我的人生要完蛋了，但**沒有**那次的經驗，就沒有今天的我。我知道，如果你有房貸的壓力，或是得還學生貸款，恐怕聽不進去。但是只要你還負責銷售，你總有一天會發現，「等等，這個情況好熟悉！喔，天啊，我知道該怎麼做了！」任何不成功的交易，都是為了幫你敲定尚未出現的生意。以下就和你分享我的經驗談，球之所以落地、砸爛，其實有六個理由，你們不需要自己撞得滿頭包才學會，我當初的痛苦就是你們的借鏡，不客氣！

溝通不良

缺乏溝通是銷售的第一死因（也適用於任何感情關係）。我隨時向業主報告工作進度，例如即將開放房子給人參觀，做了哪些廣告、文宣，是否有人開價等等。如果我是幫人找房子，我每週都會回報市場上又多了哪些物件，他們可能喜歡哪幾間。隨時向顧客回報銷售、折扣、產品更動的最新狀況。定期回報，客戶才知道你的確持續提供服務。如果客戶炒掉你，可能是你們溝通出問題。如果你一週不和配偶說話，無論沉默的你有多愛對方，家裡一定會出問題！況且，溝通又**不花錢**。

你只是回覆，卻沒回應對方的心情

定時聯絡，你才知道客戶正面臨買賣的哪個階段（興奮、氣餒、恐懼、失望、接受、歡喜或如釋重負）。仔細傾聽客戶的心聲，謹慎、清楚、迅速處理所有問題，但是態度一定要格外審慎。多數銷售員都用一套說詞回覆所有顧客，但頂尖銷售員會認真傾聽，細心回應。別忘了，現在幾乎所有東西都能在網上購買！你身為銷售員的優勢就是同理心，網路沒有同理心，無法帶客戶出去喝一杯，說，「我知道這個過程的壓力很大，我們聊一聊。我希望你知道，我聽到了，一切都包在我身上。」不要忘了，有時也要設身處地為對方著想。

你給對方不實際的期待

有一次漢普敦的客戶炒了我，就是因為我高估自己隨時趕到現場的能力。我不該給對方不實際的期待，後來我再也沒有犯過同樣的錯誤。對於設定合理定價，我也非常謹慎。說「好」很容易，但之後可能會造成大問題，我已經可以坦然自若地與人討論不自在的話題。如果我認為某人的公寓只值八百萬美元，我不會為了拿下這個客戶就同意他開價一千兩百萬美元。否則到時賣不掉，客戶一定暴跳如雷，我向你保證，他絕對不會記得開一千兩百萬美元的人就是他自己。如果當時我答應了，他一定會炒我魷魚，另外找個更實際（也更誠實）的仲介。從事銷售工作，一定要直接、誠實，即使你和顧客將來碰到任何挑戰，也要維持這個原則。

你不清楚你的工作

沒錯，剛開始賣不動產時，我沒有信心，也毫無經驗。但我對工作的細節瞭若指掌。我帶人看屋或賣房時，無法仰賴自信或經驗，所以背下產品所有相關細節。我知道屋子的面積、建造年份、流理台材質、廚具品牌、公寓能不能養狗、離地鐵站有多遠、門房的名字、最近的咖啡館要走多遠。我要再說一次，記得客戶為何找你買（而不是，清喉嚨，直接上網買）。因為你有各式各樣的相關知識。你不可能賣訂婚戒指時突然想到，「喔，抱歉。你要白金款？要命了，這款只有黃金，都怪我不好。你的未婚妻可以接受黃金嗎？」要了解自己的產品，證明自己身為銷售人員的價值。很簡單，只要把該做的做好，記住所有資訊。就位，預備，**跑**！

你的手法沒有新意

自命不凡會害死銷售員，請認真檢討自己。你說同一套推銷詞時，是不是機械化又心不在焉？每個顧客進來，你的招呼詞都是「天氣差真討人厭」？對於去上班、賣掉一堆產品，你沒有太大興趣？如果覺得上述情況很熟悉，你可能需要調整心態。我明白這種心情，不久前，我才覺得自己就像是《今天暫時停止》[40]裡的比爾‧墨瑞。每天彷彿只是倒帶重播，每天就是起床、運動，帶人看屋，開會，開會，打電話，再帶人看屋，我覺得人生停滯不前。艾蜜莉亞幫我想出完美的解決知道，方法很簡單（還有附加好處，就是很有趣！）。那次公司接到高額物件，我決定和同事換另一個較低價的案子。我因此被迫面對不同的挑戰，必須運用不同的方法。那次我賣得很盡興，我就是需要刺激，對仲介重燃熱情。倘若你覺得日子一成不變，考慮先丟另一顆球，可以轉換你的心態，效果保證讓你驚訝。

你太注重錢

雜貨店拒收我信用卡那天，是我人生中的**最低潮**。如果有人對我說，「萊恩，你賣不掉房子就是因為你太看重錢，」我大概會揍他。任何有金錢煩惱的人都不想聽到這種建議，尤其是從口袋有錢的人嘴裡講出來。但是我確定，如果你當銷售員，心裡只想著錢，絕對會影響到生意。好比說你得犧牲一點佣金，縮小買、賣兩方的差距，你一定百般不願意，因為你只想拿到全額佣金，最後交易不成，你一毛錢也拿不到。又或者，你因為急著拿到佣金，結果緊迫盯人，客戶不找你買，反而只請高明。

擔心帳單、房租、房貸、晚餐，的確是沉重的壓力，我再也不想回去過那種日子。做起來很困難，但你必須想盡所有辦法，務必把焦點從財務問題轉回買賣本身。注意力要放在這樁生意，而不是你可以賺多少錢。二〇一〇年的冬奧，夏恩．懷特（冬奧金牌滑雪選手）還沒到最後一段半管前，其實早就已經穩拿金牌。他大可以放輕鬆，但他卻卯足全力。為什麼？他的姿態彷彿已經是穩拿冠軍。理論上而言，他的確贏了。上場前就自信滿滿，似乎十拿九穩，這種心態可以帶來可觀的成績。

我們都有類似經驗，都曾搞砸交易，導致生意一敗塗地。那種心情非常糟糕！但我總是努力提醒自己，這種事情稀鬆平常。如果德瑞克．基特（美國職棒洋基隊選手）在場上被三振，絕對不可能丟了球棒大叫，「我爛透了！不打了！」從此回鄉種花生，過著閒雲野鶴的日子，否則也太瘋狂了。太過在意不成功的一筆交易

40. Groundhog Day，一九九三年的美國浪漫愛情電影，講述身為氣象學者的男主角不斷卡在同一天，甚至跳樓自殺都徒勞無功。

（好吧，幾筆不成功的交易）會毀了你的事業和人生，就像得癌症一樣！千萬不要。不是每筆生意都會成功，不要放在心上，何況你手上還有好幾顆球。上週，我就有一筆大生意失敗，感覺很差，但我可沒整天坐在沙發上吃整盒的彩虹棉花糖麥片，邊看影集《救命下課鈴》。那有什麼幫助？昨天，我成交一筆大生意，我也沒在掛斷電話後就對同事說，「太好了，大家再見！我下午休假，回家看『網飛』的影集《毒梟》配薯片。」我繼續工作，關照其他交易，集中心力看得更長遠（目標就是創下從業以來成績最好的一個月）。

塞爾漢心法第二十一則

若沒做成生意，我只想知道原因。為什麼不找我？

我很優秀！但其實有很多因素是你所無法控制的，

若是如此，那就不該浪費精神多想，繼續專心做其他生意。

如果想辭職，請先讀這段！

銷售是最困難的工作。有些人沒有安全網，例如沒有固定薪水，沒有頂頭上司可以指導你，也沒有任何人能保證大交易可以順利完成。銷售員的心情可能很高亢，但低潮時也非常痛苦。有時教人心力交瘁，挫折氣餒，沮喪挫折。如果你發現自己站在懸崖峭壁邊，請先讀以下這段：

你是不是把標準提得太高？

很多人當不成銷售員，是因為他們的期望值太離譜。我非常鼓勵大家設立遠大的目標，但也不能不合理。如果你把標準拉得太高，千萬不要認為自己失敗了。有必要的時候，就重新調整目標。就像剛開始學滑雪不會一下子就從最高的山頂滑下來，否則可能會一命嗚呼。你會先從初雪者路線滑，接著才去中階，都能得心應手之後，才會考慮黑道（black diamond）——只要你已經學會各種技巧，經驗豐富，可以順利滑下來，不會摔斷脖子了。記住，如果你在山腳呢？沒問題！那就只能往上走了。（別忘了，十年前我剛入行，當時一年只賺近九千美元）。

你緊張自己的業績是一攤死水？記得你的原因。

不採取任何行動也會讓你恐懼害怕。如果你的業績驟降，你起床時可不能覺得，**喔，我有預感，今天一切就要好轉了**。那只是你一廂情願，只有你才救得了自己。你熱愛自己賣的產品嗎？在你需要振作起來，往前邁進時，你的「原因」就像強效維他命，是你的強心劑。

你上次獎賞自己是何時？

好幾樁交易都失敗？業績沒有起色？你或許覺得這麼做不合常理，但我認為現在最該獎賞你自己。我不是叫你去買部好車，但這樣的獎品可以讓你打起精神，重拾信心。買套新西裝或公事包，下次去提案時，更覺得神清氣爽。獎品不需要大，你看上一條紫色領帶？買吧，下次去見潛在客戶時，你知道自己打上那條領帶意氣風發。二〇一四年的某個月，我的業績很差，當時我買下人生第一間公寓。我的預算大概是一百五十萬美元，結果我花了將近四百萬美元，買下西蘇荷區的某間頂樓。那是我做過最瘋狂的事情，但卻激發我後來業績大提升，因為那是我的新絕境。我買了房子，就得想辦法付錢，否則我會完蛋。

塞爾漢心法第二十二則

謹記，你一定可以採取行動。

此時此刻，絕對有辦法可以改變你事業的未來。

你一定找得到事做，也許是把注意力放到其他交易、改變行銷手法，或是把精神從佣金上轉回交易本身，打給沒僱用你的人，客氣請教原委。利用這些資訊提升、改善銷售技巧。試試其他方法，什麼都好！如果今天辭職了，對明天有何好處？沒有。正面迎擊挑戰，最後可能會有了不起的成果。

當你每天都面對最大的失敗

海洋公園道有間一級棒的豪宅，開價一千四百萬美元。二〇一二年時，那是我接過最大的案子，以前從沒接過這種高單價的物件。我覺得這件案子應該會改變我的一生，如果我能賣掉，就能接到更多高價豪宅，我可以請更多員工，搬進更大的房子，也許還能租部超酷的車！我會因此賺進天價佣金，事業更能大躍進。那間房子位於布魯克林羊頭灣的敘利亞猶太裔社區，大約兩百八十坪，有五個臥室，餐桌長到可以請所有布魯克林居民去吃安息日晚餐，絕對不成問題。餐桌上吊著三座閃亮的水晶燈，每個要價三十萬美元。那間房子有圓頂式天井、遙控百葉窗、電梯和特別的地熱走道，白雪膽敢落在那裡也會融化。我花了許多時間、金錢、心血賣那間房子，一年以來沒有任何人開價，一個也沒有。那一整年，我的時間、精神幾乎都花在那顆「大球」上。我專心一志，眼光放得不夠遠，也沒想過一千四百萬美元的球落地該怎麼辦（最後果然破局）。我依舊熱愛挑戰高價的物件，但是那次的經驗告訴我，要同時拋各種形狀、尺寸的球。我每天都坦然面對這個失敗。我的辦公室有一面回憶牆，裱框的新聞主角都是我，或我引以為傲的事業，可能是高價物件或我們榮獲的獎項。但是有篇報導提醒我不要忘記最大的失敗，《紐約每日新聞》的標題寫著：「一千四百萬美元！專題報導布魯克林最貴豪宅。」一整篇新聞都在報導那棟不可思議的房子，底下就是當時我還不知死活、得意洋洋的笑臉。我裱框掛在辦公室，提醒自己，無論事業多成功，我永遠會失敗，只是要跌得聰明。我不會再像二〇一二年一樣，花那麼多心血在單一案子上。我會努力不懈，談越多案子越好。我知道，以後還會碰到更多失敗，因為要永遠立於不敗之地，就是什麼都不做——那可不成。

塞爾漢的做法

球一定會落地。沒關係，有時你也無能為力。請將以下方法納入你的銷售技巧，就能增加成功的機率。

- 有助交易繼續推動的協商策略
- 縮小差距。
- 運用恐懼。

如果許多球都落地，你得反思，是不是有以下的問題？

- 球落地的普遍理由
- 溝通不良。
- 你只是回覆，不是回應。
- 你設下不實際的期待。

• 你不了解工作內容。
• 你的手法沒有心意。
• 你太注重錢。

不要辭職，如果你真考慮不幹（千萬不要）……

你想辭職時，問自己：
• 你的期望是不是不合理？
• 你害怕業績是一攤死水？記住你的「原因」。
• 你上次獎賞自己是何時？

鍛鍊銷售技巧

別人對你說話時，是人（一般人）都會想立刻回答。但是就銷售而言，你如何回應（請注意，我說的是回應，不是回答！）顧客，可能關係到生意成敗。你必須多練習，而且要忍住，不要立刻搶著回答。倘若你在這方面有困難，以下這兩種練習對你有幫助。

不說話練習

1. 二十分鐘都不說話，保持靜默。你知道這有多困難嗎？我自己從沒做過，但我想像應該很難。好吧，不說笑了，這個練習可以幫助你開口之前先思考，你才能謹慎的回應客戶。
2. 賣掉某樣東西，但別說話。想辦法賣東西給朋友，車子、狗狗、妳老公都可以。妳只能用表情和手勢說明為何要做這樁買賣，這非常難。

第十章 現在就做！

華美的金色字體寫著「天堂之門」[41]。莊嚴、豪華的鍛鐵門上就掛著那個門牌。對十三歲的我而言，大門高聳參天，我甚至無法想像十歲的弟弟有何想法。那個哥德式大門似乎出自恐怖電影，上面還爬滿茂密的藤蔓。我們住在麻州托普斯菲爾德的四年，一次也沒看過這扇大門開過，也沒看過任何人進出。我和弟弟很愛騎單車經過約翰路底的那扇大門，我們總會停幾分鐘，編造屋裡的故事。裡面是不是住了幾十年都沒出門的恐怖老巫婆？是不是有瘋狂科學家在豪宅裡面蓋了實驗室？

41 作者註：這與迷戀外太空、並且穿同樣的 Nike 鞋自殺的同名邪教團體毫無關聯。（「天堂之門」是創立於一九七二年的美國邪教團體，認為自殺後就可以擺脫俗世，進入另一個次元。一九九七年三月被人發現，三十九人集體自殺，當時他們都穿 Nike 的 Decade 球鞋）。

或者——我和弟弟都暗自希望——蝙蝠俠就住在這裡。

那個夏天，我們騎著單車到處兜，再也無法壓抑好奇心。我們想知道裡面究竟有什麼？原來大門推得開，剛好足以讓我們擠進去。不敢置信，我們竟然**進了**門。我們沿著陡峭、蜿蜒的車道走，兩旁是茂密且前所未見的樹蔭和鮮花。大概走了五分鐘，我們簡直不敢相信自己的眼睛，竟然又是另一道大門。這扇門比較小，但也同樣華麗。我們好興奮，只有真正的大人物會有這種車道和大門，我們滿懷希望，難道蝙蝠俠真的是我們的鄰居？天啊。我們進了第二道門，繼續沿著彎彎曲曲的漫長車道走，約莫五分鐘後，又是另一扇門。什麼鬼！顯然裡面一定有城堡，會不會有護城河？我們會看到盔甲嗎？枝葉越來越茂盛，還有一片又一片的薔薇。我們經過噴水池，那座池子彷彿出自童話故事，只不過是恐怖童話，因為裡面都是雜草，而且深色池水還發臭。我們終於走到山坡頂，卻停住腳步。我們以為會看到世上最壯麗的城堡，結果……什麼也沒有。我們走得更近，不太相信走了兩哩路，穿過薔薇花叢和**三道**大門，眼前卻空無一物。我們只看到一個大洞，裡面填了水泥。那是你所能想像的最大水泥板，是從未建造的房子的地基。不消說，我們非常失望。誰會蓋這麼瘋狂的大門，種這麼多植物，卻始終沒蓋出一間房子？我們下山，跳上單車，回家打電動。

我後來告訴了爸爸，因為私闖民宅挨罰幾小時之後，他同意幫我們查出這件屋子的底細。為什麼裡面沒有房子？屋主被綁架嗎？想到院子那麼大就煩死了嗎？他是間諜，逃亡前來不及蓋房子？後來查出答案了。原來業主打算蓋一棟夢中豪宅，就從大門開始，而且花錢不手軟。他花大錢設計院子，種了鮮花、樹木、灌木，又建了其他大門。他從義大利進口鵝卵石鋪車道，從希臘進口橄欖樹。屋子入口的設計寓意就是要讓人知道，他們即將進入「史上最棒的豪宅」。一切的確美輪美奐，可惜他花了太多錢，最後沒錢蓋真正的房子，只能被銀行扣押。在一扇大門上花那麼多金錢、時間、心血，卻沒有房子可秀。我不禁納悶，如果他先蓋房子呢？雪上加霜的是，父親說《天堂之門》也是一九八〇年代某部電影的名字，而且當年票房奇差。

我記得十三歲的萊恩看到水泥板有多失望。我本來希望開學之後可以告訴同學，我和麻吉蝙蝠俠一起喝檸檬水，一起游泳。當時我不知道，我們兄弟那段冒險讓我學到人生最重要的兩個教訓。

1. 沒有障礙是不能翻越的。

2. 先做最重要的事情。

那幾個簡單的教訓，影響了我如何培養敬業的態度，如何打造事業。我謹慎安排，確定事業要欣欣向榮，孰輕孰重。通往荒地的車道只是死路，但美麗洋房沒有車道也無妨。身為銷售人員，我們隨時都要面對各種挑戰，有圍籬必須翻越、閃過、攀爬，幾乎每天都得奮力打拚。

我要分享的最後訊息就是：你要如何創造你自己這個品牌，如何打造你身為銷售員的形象，要經過審慎思考。不要優柔寡斷，不要凡事都想太多——只要想真正重要的事情，然後付諸行動。沒有任何柵欄可以阻擋你達到目標，難關只是柵欄，有一百萬種方法可以翻越。難關不是高牆絕境，高牆堅不可摧，你要逃離這些絕境。身無分文又害怕？那是絕境，能逃多遠就逃多遠。剛買下你無法負擔的東西？可惡，那是絕境（方法就是更努力工作，賺更多錢，就付得起了）。

我了解那種自覺翻不過柵欄的心情。有時我會覺得自己無法到另一端，我沒有那個能力。但是最後我會找到新方法，那時就會發現，「我過了房仲生涯最棒的一週，真慶幸我逼自己繼續努力，也很慶幸我找到方法翻過柵欄。」

因為拍《金牌業務員》，和各種產品的銷售員合作，我因此明白我們都有各自的障礙，都有自己需要翻越的柵欄。要成為銷售天王，要能同時拋接許多球，不斷敲定交易，你就要隨時準備更上一層樓——做得更多，或做不一樣的事情。我們會碰到無數柵欄，高度、寬度都不一樣，有些格外險惡，就像纏了帶刺鐵絲網。但有些柵欄是所有銷售人員都會碰上，我會在後文討論（也包括我最大的柵欄）。但我也想聽聽你的柵欄，如果我們攜手合作，一定可以找到翻越的方法。多虧社群媒體，要討論不是難事！我的推特帳號是@ryanserhant，或是到臉書、IG找我，與我分享你的柵欄。

沒有你無法翻越的障礙

我如何獨樹一格？

週日早上健身後，我通常會去蘇荷區的辦公室，那是我的快樂時光。那時的辦公室安靜、祥和，我會待上一、兩個小時，安排下一週的工作。我會檢查行事曆，清光收件匣。如果我寄的電郵尚未收到回信，對方就會在週日收到我的信，

「嗨，你為何還沒回信？」任何事情都逃不過我的法眼。星期日也是我的獎勵日，我可以邊工作邊吃多力多滋。

但今天不太一樣，我要和社群媒體上的團隊討論新事業。幾個月前，我們決定開個影音部落格。我知道我在上傳影片這方面有點落後，有些九歲孩子教人如何做史萊姆（一種可以任人搓圓捏扁的黏呼呼玩具）的頻道有幾百萬人訂閱。紐約市每年售出一萬一千間公寓，有執照的房仲大約有三萬人。多數人一看到這些數字，心想，「哇，在紐約當房仲賺錢的機率好低，還是算了！」我寧可用另一種角度看待，在一萬一千間房子中，去年由我賣出的比例很少！我要怎麼成交更多筆？為什麼不是每個人都找我？我要怎麼讓大家知道我這個人，而我只想幫他們賣房子或找到買家？我很幸運，《紐約經紀激戰錄》在全國播出的三個月，觀眾都能看到我。而且多虧《金牌銷售員》，現在我又能在電視上多曝光兩個月。但是其他月份呢？沒錯，我在社群媒體上非常活躍，常上傳ＩＧ，也玩推特。但那還不夠。也許有人因為咽喉炎，在家看一週的電視，但我不能枯等這些人打給我。影音部落格是時間較長的社群媒體，我有機會好好玩玩！我可以表現私下的另一面，播出與不動產有關或無關的瘋狂時刻！我想讓觀眾看看我一週的日常，告訴他們我工作有多認真。我知道我在精采頻道有兩個節目，但這還不夠。我這麼說不是臭屁，相信我，我知道自己何時討人厭。我的意思是，我的市占率還不夠大。所以我在 YouTube 上的影音部落格（YouTube.com/ryanserhant，現在就上網訂閱！）就是我個人品牌的新觸角。如果效果不好呢？那也沒什麼。反正拍影音部落格也沒有任何壞處，沒有理由不試試看。

我身為房仲所要面臨的莫大障礙，就是如何在茫茫房仲人海中找到獨樹一格的方法。我才剛以為跳躍這個柵欄，馬上又在前方看到，我又得另外想辦法跨過。我向來希望今天做得比昨天更多，絕對不希望以後回顧事業，心想，「要是當初試過那個方法呢？」你知道哪裡有最多浪費的潛力嗎？墓園。只要我還活著，我就要竭盡所能，用盡我所有潛能，不斷跨越那道柵欄。

繼續做！

提供獨一無二的促銷

你不能等別人丟一堆球給你，不能等生意自己送上門。你要給顧客一個來找你的原因，秋天的紐約很美！我決定從翠貝卡的辦公室分發免費南瓜。各位注意，秋天到了！開心一點！翠貝卡的居民絕對買得起南瓜，但這不是重點。這只是我們自我宣傳的妙計，告訴別人，我們提供哪些服務。走過紐約街頭，不是天天都能拿到免費南瓜，我們就用這種簡單方法讓人留下印象。和上司、同事討論你們可以做什麼，送樣本？顧客買一個，你們再送一個給朋友？你一定有好處可以提供，可以讓人記住你。不要做生意，要去拉生意。

利用你的交友圈找到出類拔萃的新方法

賣熱水池的亞曼達有孩子，她非常了解媽媽的心情。知道嗎？她發現熱水池很適合小家庭，那就像大家都可以享受的迷你泳池！她開始和其他家長（送小孩去學校時，或是帶孩子去遊樂場時，任何地方都可以！）聊到，家裡有個熱水池是多麼有意思。現在亞曼達不只「賣高價熱水池」，還「可以幫你家找到理想熱水池」。想想你的交友圈，有什麼獨特之處嗎？也許你賣的是最頂級的香氛蠟燭，而你的朋友多半是藝術家。告訴他們，你的蠟燭的薰衣草香味可以令人放鬆、刺激創意！想想你的產品和你的交友圈能有什麼新連結吧。

我沒有足夠預算投資我的事業

十年前，我切換到「記帳員」模式，發現自己每賺到一筆錢，頂多只能投資一百元到事業上。所以我很清楚，因為缺乏預算，窒礙難行的心情。不要去想收入豐厚的銷售員有多高的預算，量力而為就好。假設你每週只能花十美元在自己身上，那就能買五十張郵票了。從公司或學校拿回白紙和信封，親筆寫信給客戶，貼上郵票寄出去。每週寄五十封，每年就寄出兩千六百封手寫信函。寄出那麼多信，你一定會接到電話，代價只是少喝兩杯星巴克拿鐵！

你一定有辦法投資自己的事業，即使你剛入行，做就對了。

繼續做！

社群媒體——而且免費

說到行銷我個人和我的服務，我的社群媒體助益良多，我也很自豪粉絲人數不斷成長。但我不是社群媒體專家，大概有幾十億相關報導教人如何提高這方面的效益。現在社群媒體幾乎是你的公共履歷，所以事前一定要想清楚你想呈現什麼形象。然而社群媒體最大的優點就是免費，不必花錢，就可以把你的美麗手織有機毛衣上傳到ＩＧ。利用不同平台擴大網路，強調你所能提供的服務。貼兩則生活點滴，就要上傳一則工作方面的照片和影片。人們想知道你能提供的產品、服務，也想了解你。記得第三章的討論，人們不喜歡被推銷，但喜歡和（社群媒體）朋友一起購物。

改善你的跟進後續三步驟，回頭關注

多年來，我都找同一個牙醫。但我常想到要換一個，如果近一點，我從公司過去更方便。畢竟時間就是金錢！但我的牙醫關注服務做得盡善盡美，我大概這輩子都無法離開他。我約好洗牙的前六週，他就會傳送跟進的電郵，提醒我約診，信中還會附個小玩笑！我收到信，對著牙齒笑話哈哈大笑，打去約好看診時間。跟進後續也要發揮創意、針對各人客製。你該怎麼做才能讓顧客記得你？你賣的是園藝工具？也許你擅長寫通訊簡報，可以和客戶分享不同季節該如何打理植物。或者可以每天打電話祝賀當天生日的顧客。這是最簡單的跟進方法，我敢說你雖然讀著這段文字，卻沒做到！附註，跟進後續和通訊簡報也不花錢喔！

練習，練習，練習

身為銷售員，我們的身體和聲音都是工具。我們很容易低估肢體語言和聲調在推銷時有多重要，我輔導除毛銷售員瑪若，立刻發現她習慣逼近顧客——她說話時，不會站到與對方齊高的位置。這很怪，人們也會覺得不自在（何況你要賣的服務還是在他們身上塗滿熱蠟）。我們一起想辦法，幫她找到更自然的方式與人互動。銷售護膚產品的珍也得改善肢體姿勢，她的儀態讓人覺得她很害羞、封閉，並未散發自信。我們訓練她的儀態，讓她看起來更熱情、友善。賣熱水池的亞曼達無論開心、悲傷、想睡覺，聲音都一貫沒有起伏。所以我們找來語音教練，告訴她聲音可以有高低。聲音有抑揚頓挫，人們比較會有回應，也更願意傾聽。如果你請不起教練，請站在鏡子前，確定你的儀態、肢體語言篤定又有自信，並且用手機拍下自己說話的模樣，直到你確定夠自然。把影片傳給你信任的人，請對方坦率提供建議。我在書中不是提到各式各樣瘋狂方法嗎？你都該一一練習！

我該如何激勵自己達到目標？

打從我踏入房仲業初期，我就刻意找自己的麻煩。我還是菜鳥，就去參加實境節目《紐約經紀激戰錄》，表示我玩真的。節目製作群對我的能力有信心，那是我對自己開的第一槍（只是比喻）。我再也不能賴在家裡看電視，除非我希望全世界看到我在電視上出醜。我別無選擇，只能努力揣摩如何當個頂尖仲介。每年的自找麻煩都將我逼上新高度，我先買了預算四倍的房子，現在我和艾蜜莉亞買在布魯克林的新家，更鞭策我加倍賣力（對了，爸媽，一切都不會有事，你們別擔心，我發誓！）。設定我們在第六章討論的目標，告訴自己，只要每個月都達標，就能買你想要的東西，否則免談。

繼續做！

剪掉安全網

《金牌銷售員》裡的大鬍子艾瑞克是專門租房子給社會新鮮人的仲介，他竟然每天花四小時通勤。我當然明白房租很貴（我要再說一次，我的信用卡在雜貨店都刷不過），但特地改變環境——逼得自己走投無路——可能就是你需要的動力。如果你住在爸媽家，考慮搬出來。如果通勤時間太長，你想搬到公司附近，那就搬吧。如果你覺得賺得不多，無法多花錢找全職保母，想想如果萬事俱備，你能做到多少業績。我不想對你的生活方式比手畫腳，如果你喜歡現在的住處，那很好。我的重點是找出妨礙你成功的因素，然後想辦法解決，這可能對事業有極大幫助，剪掉安全網吧。

計畫一趟旅行

你一直想去哪裡？第一年的結婚周年紀念日，我和艾蜜莉亞都想回希臘。這次不必租別墅、邀請所有親友、帶整支拍攝團隊，我們要開自己的遊艇環遊希臘諸島，我還計畫放假每天吃冰淇淋。我們的周年慶是七月第一週，我用紅筆在行事曆上做記號。我這麼做已經行之有年，只是每次的旅程更奢華一點。我每次看到放假日期，我就（一）超級興奮；（二）更有動力鞭策自己——我希望自己有資格放這個假。我不是建議你揮霍無度，租下「伊莉莎白女王二號」或私人噴射機（總有一天，你應該這麼做），但做個計畫激勵自己。在行事曆上規劃一下，鞭策你更努力——這在你覺得跨不過柵欄的低潮期時，也能推你一把。

先做重要的事情

我準備組織一支團隊時，認為應該先觀察那些超級銷售天王怎麼做。他們有哪些共通點？我很快就發現了，他們都有合夥人。我也要這麼做！我找到搭檔，我們開始計畫。然而我們對「工作」的看法不一，對我而言，「工作」（尤其是組織團隊初期）就是確定我們有足夠交易支付薪水。對他而言，「工作」的重點在於建構體制，例如架設網站、創造舒適的辦公空間。我在外面拓展人脈、追逐各種交易機會，他則在公司忙著擺家具。那段搭檔關係無法延續，但打從我發現隔壁豪宅鄰居不是蝙蝠俠之後，深植我心的信念又因此更鞏固。一定要先做重要的事情。如果「天堂之門」的屋主先從地基開始，而不是美輪美奂的大門，結果可能完全不同。

不要等萬事俱備才願意發揮潛力

我非常推崇完美無缺，我的工作每天都會看到紐約市氣派非凡的豪宅，最近也才剛裝修蘇荷區的辦公室，讓同事覺得上起班來更舒服，結果也很美。我甚至開了一間商店，銷售充滿我風格的服裝、擺飾——隨時擴展品牌！我承認我喜歡好西裝，書中也有許多篇幅寫到我買鞋的經驗。但是沒多久以前，我甚至沒有一套像樣的西裝——只穿卡其褲、牛仔靴帶客戶看房子——但我也沒因此裹足不前。我第一間辦公室是在四十九街漢堡店樓上，還和人共用辦公桌。別誤會，人要衣裝，尤其是銷售員。然而如果你只顧著打造金碧輝煌的大門，永遠沒機會蓋出完美的房子。不要等萬事俱備，才肯當個了不起的銷售員。沒有漂亮名片也可以推銷，先做最重要的事情——建立人脈、創造生意，找到更多球，學會如何別讓球落地。看看世上最成功的人，他們甚至沒有名片，也不穿西裝，但他們都有夏恩・懷特（金牌滑雪選手）參加冬奧的氣勢，每天都散發出王者氣度，因為他們已經奪冠。你也應該有同樣心態，最後一定成真，我保證。

當你準備蓋更大的房子

大部分人打造團隊時都背道而馳。在房仲界，人們計畫組一支「世上最強的一流房仲公司」，他們會先找個時髦的辦公室，僱用許多人，認為公司這麼大，一定能創下驚人的業績。其實有些團隊只有三、四個人，卻能每年都交出幾十億美元的成績（慢著，這個商業模式很不錯呢）。你現有的業務量就該決定團隊人數，不能先找人，以為生意自然會上門。組隊前，你得誠實回答這個問題，「我賣得夠多，可以請得起一支團隊嗎？」如果你每年賣幾千萬枝鉛筆，是，你需要！如果你每個月只賣幾十枝，先保持現狀，等你有更多球的時候再考慮。

我現在的團隊有六十人，因為我的業務量已經大到可以僱用這麼多人。起初只有我和尤蘭達，如今她是我的營運總監，當初我們並肩打下我們這間房子的地基。我扮演「開發者」角色時，負責拓展人脈、賣不動產。扛起「記帳員」角色時，我制訂公司擴張的計畫。尤蘭達則是最佳「執行者」，其他工作都由她負責。多謝了，尤蘭達！一切都很順利，我們才多請一個助理，最後才有辦法在我房子多加幾個邊廂，再多請兩個房仲。我們先蓋房子，先找地方遮風擋雨。等到業務有成長，知名度越來越高，我們才有餘裕設計景觀、車道、大門。但一開始得先做最重要的事情。

找到最好的隊員

活力（Energy）、熱力（Enthusiasm）、毅力（Endurance）、學歷（Education）

當你一天賣的鉛筆已經超出自己可以處理的數量，恭喜，你可以準備擴建房子，尋找更多隊員了。我還在學習管理、扶持團隊的最好方法，而他們的成功就是我的成功。但我知道，要找到與有相同目標、價值觀的最好隊員，我得遵照四「力」原則。我需要的特質可能和你有出入，但只要你釐清以下這四個方面，僱用符合條件的同事，你就是幫自己打下根基，可以打造出一支必勝團隊。

活力（Energy）

我精力充沛，每個隊員也是。這種特質很有感染力，如果你不能從同事身上得到力量，就會被往下拖。我要找樂觀、自信、活力充沛，好相處的人。我們是否可以輕鬆聊天？這個人很容易與人攀談、互動嗎？精力充沛的人也很主動，鎖定目標就在所不惜，這就是我要的隊員。

熱力（Enthusiasm）

對銷售和產品感到熱情洋溢是必要條件。我要找的隊員，必須對任何他們要賣的產品有熱情，無論賣的是俯瞰中央公園的三房頂樓，或是面對磚牆的無隔間套房。兩者要賣掉都需要熱力十足的房仲。如果有人來應徵，我可能當場考他們，說，「請推銷我現在坐的這張辦公椅，開始！」我會仔細觀察對方如何回應，如果聽到「呃，這張椅子是黑色，有四個輪子，」我們可能不來電了。如果他們說，「喔，這張椅子的設計就是讓你保持最佳儀態，讓你精神更好，提高自信！這張椅子可以提高你的銷售量！」我們就可以繼續談。

毅力（Endurance）

我們都知道，銷售員常遭人拒絕。我前面就說過，我曾經好幾個月都賣不出一間房子，那種心情很糟。我的手下就算不斷遭到拒絕，也不會驚慌失措，可以一次又一次的打起精神，再度上場。對銷售員而言，不屈不撓就是你不同於同行的獨家秘方。要判斷隊員有沒有不屈不撓的毅力最困難，但我已經找到屢試不爽的訣竅。文後再與大家分享，請繼續看下去。

學歷（Education）

又名為「另力」，因為這點沒那麼重要。

如果考慮人選充滿活力，又熱力十足，我也認為他們碰到拒絕，有辦法全身而退，如果還有學歷素養，當然更棒。你已經有多年經驗，通盤了解銷售？很好！我向來把學歷素養當成額外紅利，因為知識容易灌輸，熱力、毅力、活力卻難以傳授。

塞爾漢的秘訣大放送

事實上我們熱烈討論過，要不要把這點納入書裡。因為我就是用這個秘訣，判斷應徵者是否適合。我不太想分享，否則大家都知道，訣竅就失效，我的法力立刻消失！後來我又認為，如果你大費周章買了這本書，而且還願意讀到最後（多謝！），你就有資格知道這個訣竅。但請不要到處宣揚。

應徵者面試後，好聲好氣地寄電郵問候，我會刻意置之不理。任何和我合作過的人都知道，我一定在十二小時內回信，這是我的行事風格。但我對應徵者可不是這麼一回事，我徹底冷落對方。為什麼？我不是故意耍混帳，我用這種方法淘汰不夠積極的人。我要的人才不會因為我不回信就氣餒，他們會再接再厲，表達他們有多想進入我的團隊。很簡單，那些繼續寄信的人就是合適的人才。公司的珍就是我和艾蜜莉亞去希臘前面試的人，她回去之後繼續寄信跟進，就和所有應徵者一樣，我沒理會，幾天後，她又寄信（這下我有興趣了），再次傳達她多想進我的公司。我快速回信，「我最近很忙等等等等……拍電視、出城。」我沒提到任何錄取的事情，她會再寄信給我嗎？是的。她先順著我的話說，「希望你度假愉快。你回國之後，我希望週四或週五有時間找你談談，請問哪天比較合適？」這下我知道，回國之後要見一個可能很適合納入麾下的同事，後來她的確被僱用了！

未來的你是什麼模樣？

我全副心力都放在房仲業，也得到許多收穫。但我撰寫這趟瘋狂旅程時，想起我當年只是怯生生的孩子，一顆球都打不到。他根本不是銷售的料，如果有人告訴那個孩子，「聽我說，事情會有轉圜。將來你會成為紐約市最成功的房地產仲介！你會主演不動產實境節目，而且你會擅長銷售，還會開個自己的節目，名叫《金牌銷售員》。」愛哭鬼萊恩絕對不會相信，那個孩子會溜回廚房，再偷吃一盒巧克力布丁，只希望媽媽已經睡著，不會逮到他。我就是因為當了房仲，才過得了我以前根本無法想像的生活。每次我輔導銷售員，我都很興奮他們即將面對的無窮可能。我有親身經驗，銷售改變了我的世界。

我敬重很多人，但我沒有偶像。除了自己之外，我不崇拜任何人。我做的每件事情都是為了「未來的萊恩」。如果一切順利，「未來的萊恩」因為工作努力，事業成功，有辦法買下自己的島嶼，餘生什麼都不做，只吃奧利奧和冰淇淋，那就太棒了。

如果他能改變世人對銷售員，尤其是不動產仲介的看法，那就更了不起。那就是我的「成就」。但在我翻轉銷售業界、並從曼哈頓轉往零食島生活之前，我都得繼續鞭策自己每天有長進，不過我可沒打算精進我的球技。沒成長就是邁向死亡，我可不打算英年早逝。我用軟體做了一張「老萊恩」的照片掛在辦公室，我現在做的每件事情都是為了未來的萊恩。

「未來的你」是什麼模樣？在風景優美的托斯卡尼亞莊園喝紅酒，回想當年每次碰到柵欄，就會想起自己的「原因」，繼而有動力跳過去？「未來的你」帶著孫子去迪士尼玩，感激自己當年努力工作，而且攀越每道柵欄的辛苦都覺得好值得？「未來的你」還記得當年被逼到絕境的心情嗎？「未來的你」記得所有挑戰嗎？銷售是場漫長的比賽，無論你是跑了好多年，還是剛聽到槍響，一定會碰到高潮或低谷。無論你跑到哪個階段，繼續跑就對了，別停下腳步。最大的生意、業績最好的一週、收穫最豐富的一年還沒來呢。「未來的你」會謝謝你。

就位、預備，**跑**。

塞爾漢的做法

永遠不要忘記，那些柵欄可以跨越，它們不是高牆，絕對有辦法跳過去。高牆是你的絕境，柵欄只是障礙。

沒有柵欄大到跨不過

第一道柵欄：如何讓自己與眾不同？

解法：

- 提供獨特的促銷方案。
- 利用你的交友圈找到出類拔萃的方法。

第二道柵欄：我沒有足夠金錢投資我的事業。

解法：

•社群媒體——而且免費。
•改善你的跟進後續三步驟，回頭關注。
•練習推銷方法。

第三道柵欄：我該如何激勵自己達到目標？

解法：
•剪斷安全網。
•計畫一趟旅行。
先做最重要的事情
•不要等萬事俱備才願意發揮潛力
•業績量決定團隊人數。
•遵照四「力」原則：活力、熱力、毅力和學歷（又稱為另「力」）。

致謝

寶拉・巴瑟（Paula Balzer），謝謝妳幫我打造《一出手就成交》的世界。沒有妳，這本書只會想到哪寫到哪，想到哪樁交易就寫哪樁交易。謝謝妳，幫我把腦中的混沌，轉化為全世界銷售員都用得上的指南。謝謝妳當我的朋友、當我的共鳴板——以後我們還是會因為不好笑的事情笑得東倒西歪。

謝謝艾蜜莉亞，我美麗又聰明的妻子，謝謝妳鞭策我寫這本書，即使我每天都懷疑自己做不到。妳不只是我的另一半，妳是我的全宇宙，妳是我的可愛小矮人，我每天醒來都是為了妳。

謝謝我的父母，我愛你們，如果不是你們，我不敢想像我會在多麼恐怖、黑暗又錯亂的地方。我知道我小時候不好教，可是你們看！我寫了一本書！一切都過去了！

謝謝鮑柏爸教我說「好」的力量，教我什麼都試試看，熱愛藝術，享受生命中熱愛的事物。

謝謝我的編輯克莉珊·崔特曼（Krishan Trotman），謝謝妳相信商管書也可以聰明又耍寶。謝謝莫羅·迪普利塔（Mauro DiPreta）、蜜雪兒·艾利（Michelle Aielli）、麥可·巴爾斯（Michael Barrs），有你們才有這本書。

謝謝安迪·寇罕（Andy Cohen）、夏莉·列文（Shari Levine）、法蘭西斯·貝威克（Frances Berwick）和精采電視台的每一位，謝謝你們讓全世界知道我，謝謝你們相信我，還幫我做了兩套節目。

謝謝珍·列維（Jen Levy）。

謝謝驚異世界製作公司的藍迪·巴巴托（Randy Barbato）和芬頓·貝利

（Fenton Bailey），也謝謝《紐約經紀激戰錄》和《金牌銷售員》所有工作人員，謝謝你們造就我精采的人生。

謝謝我的執行製作人丹妮兒．金恩（Danielle King），謝謝妳的建議、支持、指導和友誼。妳是我的摯友，妳的直覺都是對的，所以才能入圍艾美獎。

謝謝我的姊姊蜜絲提，謝謝妳教我如何經營公司，我愛妳。

謝謝我的兄弟傑克、吉姆，我的姊妹海瑟、吉兒，謝謝你們無條件的愛，也謝謝你們讓我不致被名利沖昏頭。

謝謝奶奶，我想抱妳親一下，但我會輕輕抱，畢竟妳上年紀了。

謝謝雷歐妮達斯、戴斯皮娜、畢寇絲（綽號瑪莉費）以及乾爹史崔托斯，σας αγαπώ όλους（希臘文：我愛你們大家）。

謝謝喬登和尤蘭達，謝謝你們不屈不撓，我們才能成為美國最努力工作，也是最成功的不動產團隊。

謝謝「塞爾漢團隊」每一位，謝謝你們相信我，相信我的中心思想，謝謝你們讓我每天臉上有光。

謝謝我在聯合精英經紀公司的經紀人娜塔夏．波盧基（Natasha Bolouki）、馬克．杰洛（Marc Gerald）、白蘭蒂．鮑爾斯（Brandi Bowles），謝謝你們造就這一切！

謝謝我的朋友卡勒、艾瑞克、史卡特、傑森、詹姆斯和克里斯，謝謝你們，否則我就成了獨行俠。

謝謝弗瑞德列克、史提夫和路易斯，也謝謝《金牌銷售員》第一季所有人，好棒的旅程！你們不知道你們帶給我多大的靈感。

謝謝社群媒體上的所有粉絲，謝謝每個觀賞我影音部落格的人，也謝謝《紐約經紀激戰錄》和《金牌銷售員》的所有觀眾。非常感謝你們！沒有你們的支持，就沒有今天的我！

國家圖書館出版品預行編目資料

一出手就成交：紐約TOP 1銷售高手「賣爆」全美的終極銷售術大公開！／萊恩．塞爾漢 著
-- 初版. -- 臺北市：平安文化, 2020.9 面；公分.
-- (平安叢書；第660種)(邁向成功；81)

譯自：Sell It Like Serhant
ISBN 978-957-9314-62-6 (平裝)

554.89　　　109010920

平安叢書第0660種
邁向成功 81

一出手就成交

紐約TOP 1銷售高手「賣爆」
全美的終極銷售術大公開！

作　　者—萊恩．塞爾漢
譯　　者—林師祺
發 行 人—平　雲
出版發行—平安文化有限公司
台北市敦化北路120巷50號
電話◎02-27168888
郵撥帳號◎18420815號
皇冠出版社(香港)有限公司
香港銅鑼灣道180號百樂商業中心
19字樓1903室
電話◎2529-1778　傳真◎2527-0904
總 編 輯—龔橞甄
責任編輯—平　靜
美術設計—江孟達、黃鳳君
著作完成日期—2018年
初版一刷日期—2020年9月
初版二刷日期—2021年4月
法律顧問—王惠光律師

如有破損或裝訂錯誤，請寄回本社更換
讀者服務傳真專線◎02-27150507
電腦編號◎368081
ISBN◎978-957-9314-62-6
Printed in Taiwan
本書定價◎新台幣380元/港幣127元